Gelassenheit

Selbstliebe

Minimalismus

Gelassenheit lernen, mehr Selbstliebe spüren und mit Selbstmanagement und einer minimalistischen Einstellung, mehr Zufriedenheit erlangen und innere Ruhe finden

Persönlichkeitsentwicklung Bücher

Angelika Hornig

Angelika Hornig ist eine leidenschaftliche, engagierte und talentierte Autorin und souveräne Expertin in diverses Gebietet rund um das Thema Persönlichkeitsentwicklung. Sie wurde 1984 in Berlin geboren und hat nun seit kurzen wieder den Weg in ihre alte Heimatstadt zurückgefunden, nach langjährigen Lebensmittelpunkten wie, Mailand, Budapest, Helsinki, Las Palmas und São Paulo. Expertenstatus als Raumpsychologin und ein umfangreiches internationales Wissen über Mensch und Seele konnte sie sich auf ihren langjährigen Reisen rund um den Globus aufbauen und vertiefen. In ihren Büchern schreibt sie über Themen wie, Minimalismus, Selbstmanagement, emotionale Gefühlskontrolle, das eigene Ich und wie Sie sich selbst wieder lieben lernen können. Ihr einzigartiger und liebevoller Schreibstil bringt Sie auf einfache, aber doch einschlagende Weise Ihren Zielen und Wünschen näher. Sie selbst beschreibt sich als unermüdliche perfektionistische Autorin, um den Wünschen und Ansprüchen der Leser gerecht zu werden.

"Ich wünsche allen ganz viel Spaß und Unterhaltung mit meinen Büchern"

Ihre

Angelika Hornig

Inhaltsverzeichnis

Angelika Hornig

Gelassenheit lernen

Buch 1

Gewohnheiten ändern und
innere Ruhe finden - Wut, Ängste
und Gedanken kontrollieren

Gelassenheit lernen: Immer mit der Ruhe

Lange Wartezeiten, ein winzig kleiner Fehler, falsch gewählte Worte – für manche Menschen ist das schon ausreichend, um richtig wütend zu werden und aus der Haut zu fahren. Frust, Verspannung, und Verwirrung sorgen dafür, dass Sie sich völlig vergessen. Es folgt ein Temperamentsausbruch, den Sie nicht unter Kontrolle haben. Schimpfen, fluchen und den Frust herauslassen muss in solchen Momenten unbedingt sein, weil Sie dadurch kurzzeitig Erleichterung empfinden und gleichzeitig Magengeschwüre vorbeugen.

Es gibt aber auch die Menschen, die sich von nichts aus der Ruhe bringen lassen und einfach komplett tiefenentspannt sind. Sie lassen ihren Frust erst gar nicht Überhand gewinnen, sondern gehen die Dinge gelassen an. „Balu der Bär" hat im Dschungelbuch gesungen: „Versuch's doch mit Gemütlichkeit" und hat damit nicht unrecht. Denn wer den Dingen gelassen gegenübertritt, lebt die neue Form von Gemütlichkeit. Vielen Menschen gelingt das nur sehr schwer. Anstatt Ruhe zu bewahren und sich von nichts erschüttern zu lassen, geraten sie in Rage, regen sich auf und werden unendlich wütend.

Die emotionale Zündschnur ist so kurz, dass sich eine Explosion kaum verhindern lässt. Gelegentlich genervt ist wohl jeder einmal. Doch warum sind manche Menschen so leicht reizbar und sehen kleine Provokationen gleich als Kriegserklärung an? Was geht in diesen Menschen vor, die immer impulsiv sind? Kennen sie überhaupt das Gefühl von Gelassenheit?

Die hohe Reizbarkeit führen Neurowissenschaftler zum Teil auf psychologische Eigentümlichkeiten im Gehirn dieser Menschen zurück. In der Theorie wird davon ausgegangen, dass eine Störung in der Regulierung von Emotionen vorliegt. Das glaubt zumindest die Psychiaterin Ellen Leibenluft des US-amerikanischen National Institute of Mental Health.

Normalerweise läuft der Regulierungsprozess im Gehirn folgendermaßen ab: In einem sehr alten Teil des Gehirns wird die Entscheidung gefällt, ob der jeweilige Reiz emotional von Bedeutung ist beziehungsweise einen Wert hat, weil er vielleicht eine Bedrohung darstellt. Anschließend überprüft die Hirnregion direkt hinter der Stirn, ob wirklich Gefahr besteht und die erste Reaktion richtig gewesen ist. Wenn sich herausstellt, dass dem Reiz keine größere Bedeutung beigemessen werden muss, werden entstehende Wut- oder Angstgefühle unterdrückt.

Bei leicht reizbaren Menschen funktioniert dieser Mechanismus anscheinend nicht so gut, da scheinbar die Verbindung zwischen den Hirnhälften schwächer ausfällt. Ist die Erklärung für fehlende Gelassenheit wirklich so einfach? Vielleicht sind es ja auch negative Lebenserfahrungen, die einen Menschen dünnhäutig gemacht haben? Um Gelassenheit zu leben, brauchen Sie dauerhaft emotionale Stabilität, die aber immer durch negative Erfahrungen, Krankheit, Trauer und Trennung aus dem Gleichgewicht gerät. Sie können an innerer Stärke und emotionaler Stabilität arbeiten, um mehr Gelassenheit zu erlangen.

Die Formel für Gelassenheit

Zitat:

„Gib mir die Gelassenheit, Dinge hinzunehmen, die ich nicht ändern kann. Den Mut und die Kraft, die Dinge zu verändern, die ich verändern kann und die Weisheit, das eine vom anderen zu unterscheiden.“

Reinhold Niebuhr

Was bedeutet Gelassenheit?

Eine sehr gute Definition für Gelassenheit verbirgt sich hinter folgendem Sprichwort:

Zitat:

„Gelassenheit, Gleichmut, innere Ruhe oder Gemütsruhe ist eine innere Einstellung. Die Fähigkeit, vor allem in schwierigen Situationen die Fassung oder eine unvoreingenommene Haltung zu bewahren. Sie ist das Gegenteil von Unruhe, Aufgeregtheit, Nervosität und Stress."

Während Gelassenheit den emotionalen Aspekt betont, bezeichnet Besonnenheit die überlegte, selbstbeherrschte Gelassenheit, die besonders auch in schwierigen oder heiklen Situationen den Verstand die Oberhand behalten lässt, also den rationalen Aspekt innerer Ruhe." Grundsätzlich ist Gelassenheit eine Lebensphilosophie, mit der das Leben einfacher und unkomplizierter wird.

So hat Papst Johannes XXIII in seinem Buch „Für das Glück geschaffen: Die 10 Regeln der Gelassenheit“ interessante Leitsätze formuliert. Diese Lebensregeln beziehen sich auf das Leben im Allgemeinen und nicht auf den christlichen Glauben. Diese 10 Regel möchte ich Ihnen auf gar keinen Fall vorenthalten, da sie für die Ganzheitlichkeit dieses Buches essenziell sind.

Aus: „Für das Glück geschaffen: Die 10 Regeln der Gelassenheit“ von Papst Johannes XXIII

Zitat: „1. Leben - Nur für heute werde ich mich bemühen, einfach den Tag zu erleben – ohne alle Probleme meines Lebens auf einmal lösen zu wollen.“

Zitat: „2. Sorgfalt - Nur für heute werde ich größten Wert auf mein Auftreten legen und vornehm sein in meinem Verhalten: Ich werde niemanden kritisieren; ja ich werde nicht danach streben, die anderen zu korrigieren oder zu verbessern... nur mich selbst.“

Zitat: „3. Glück - Nur für heute werde ich in der Gewissheit glücklich sein, dass ich für das Glück geschaffen bin ... nicht nur für die andere, sondern auch für diese Welt.“

Zitat: „4. Realismus - Nur für heute werde ich mich an die Umstände anpassen, ohne zu verlangen, dass die Umstände sich an meine Wünsche anpassen.“

Zitat: „5. Lesen - Nur für heute werde ich zehn Minuten meiner Zeit einer guten Lektüre widmen. Wie die Nahrung für das Leben des Leibes notwendig ist, ist die gute Lektüre notwendig für das Leben der Seele.“

Zitat: „6. Handeln - Nur für heute werde ich eine gute Tat vollbringen – und ich werde es niemandem erzählen.“

Zitat: „7. Überwinden - Nur für heute werde ich etwas tun, wozu ich keine Lust habe. Sollte ich mich in meinen Gedanken beleidigt fühlen, werde ich dafür sorgen, dass niemand es merkt.“

Zitat: „8. Planen - Nur für heute werde ich ein genaues Programm aufstellen. Vielleicht halte ich mich nicht genau daran, aber ich werde es aufsetzen. Und ich werde mich vor zwei Übeln hüten: vor der Hetze und vor der Unentschlossenheit.“

Zitat: „9. Mut - Nur für heute werde ich keine Angst haben. Ganz besonders werde ich keine Angst haben, mich an allem zu erfreuen, was schön ist. Und ich werde an die Güte glauben.“

Zitat: „10. Vertrauen - Nur für heute werde ich fest daran glauben – selbst wenn die Umstände das Gegenteil zeigen sollten –, dass die gütige Vorsehung Gottes sich um mich kümmert, als gäbe es sonst niemanden auf der Welt.“

Jeden Tag aufs Neue haben Sie die Chance, mehr Gelassenheit zu erlangen. Nehmen Sie sich nicht zu viel auf einmal vor, sondern suchen Sie an jedem Tag und zu jeder Stunde nach guten Dingen. Üben Sie sich in Geduld und übertreiben Sie nicht.

Gelassenheit beginnt in Ihrem Kopf

Es gibt sehr viel gute Literatur über Gelassenheit. So schreibt beispielsweise Elke Nürnberger, dass Gelassenheit ein „Zustand von Angstfreiheit und Souveränität“ ist. In Ihrem Kopf herrscht Ordnung und Ruhe, weil Sie verstanden haben, dass Sie Dinge, die sich nicht ändern können, einfach akzeptieren und dementsprechend damit einen angemessenen Umgang pflegen.

Diese Gelassenheit beschert Ihnen, dass Sie sich nicht unnötig über jede Kleinigkeit aufregen, ruhig bleiben und nicht gleich in Panik verfallen. Es stellt sich eine innere Sicherheit ein. Sie sorgt dafür, dass Sie entspannt und souverän mit Problemen und Schwierigkeiten umgehen.
Anders ausgedrückt:

- durch Gelassenheit haben Sie die grenzenlose Ohnmacht im Griff, die Auslöser für Wutausbrüche und Rage ist.

- Sie erhalten Ihre Handlungsfähigkeit wieder, die Ihnen durch starke Emotionen und blinde Wut genommen wird.

Damit das funktioniert, müssen Sie die Macht erkennen, mit der Sie die Situation lösen.

Zitat:

„Je mehr Möglichkeiten wir wahrnehmen, desto besonnener bleiben wir – und je gelassener wir an Dinge herangehen, desto mehr Handlungsspielraum haben wir.“

Reinhold Nürnberger

Was blockiert das Lernen von Gelassenheit?

Am häufigsten kommt es zu einem Ausraster, wenn Grenzen überschritten werden. Sie werden von einer anderen Person persönlich angegriffen, jemand tritt Ihre Werte mit Füßen oder verletzt Ihre Privatsphäre. Dabei stellen sich Gefühle wie ausgenutzt, betrogen und ungerecht behandelt werden, ein. Diese können sogar so weit ausufern, dass Sie Angriffe als seelische Vergewaltigung einstufen.

Sie haben keinen Einfluss darauf, es passiert einfach. Daraus ergibt sich eine automatisierte, reflexartige und unüberlegte Reaktion. Sie tritt zu den unterschiedlichsten Gelegenheiten auf:

- Ein anderer Autofahrer benimmt sich wie ein Verkehrsraudi. Sie hupen blind vor Wut, schimpfen und gestikulieren wild, obwohl der Drängler bereits außer Sichtweite ist.

- In der Straßenbahn rempelt Sie eine andere Person an. Sie rempeln zurück und ergehen sich in wilden Beschimpfungen und motzen über das schlechte Verhalten.

- Eine andere Person hält Ihnen eine Standpauke und beginnt zu meckern. Sie werden sofort laut, beleidigen den anderen und schimpfen wie ein Rohrspatz, weil Sie sich die Beschimpfungen nicht anhören wollen.

Ihre Reaktion ist zwar irgendwo zu verstehen, allerdings schaukeln Sie damit Ihre eigenen Emotionen hoch. Gelassenheit beginnt aber in Ihren Gedanken, indem Sie alleine die Entscheidung treffen. Sie sind derjenige, der anderen Menschen die Möglichkeit gibt, Sie völlig aus der Fassung zu bringen und eine große emotionale Belastung auszulösen. Kein anderer Mensch kann für Ihre Gelassenheit die Verantwortung übernehmen. Darum sollten Sie die Entschuldigung gegenüber Ihnen selbst, dass ein anderer dafür verantwortlich ist, nicht gelten lassen.

Sie haben es zugelassen, dass Menschen und Dinge Sie provozieren. Sich dem entgegenzustellen, ist nicht einfach. Es sei denn, Sie gehören zu den Menschen, die mit einer Zen-Mentalität ausgestattet sind und sich durch nichts Ihre Gelassenheit nehmen lassen. Die Anstrengung, um Gelassenheit zu lernen, lohnt sich aber in jeder Hinsicht.

Neben den direkten Faktoren gibt es noch weitere Umstände, die Einfluss auf Ihre Gelassenheit haben und den Vorsatz für mehr innere Ruhe auslöschen. Am häufigsten liegt das Problem vor, dass Sie Gelassenheit nur als eine besondere Ausnahme sehen. Ein Großteil der Menschen regt sich ständig über irgendwelche Dinge auf, der Einzelne diskutiert, redet sich in Rage, lässt sich provozieren, rastet aus und steht immer unter Strom. Gelassenheit passt da nicht und rückt durch einige Faktoren immer weiter in die Ferne.

- **Zusammengehörigkeitsgefühl:** Das mag jetzt komisch klingen. Doch durch das Zusammenschließen und gemeinsame Aufregen über eine Sache entsteht ein Wir-Gefühl. Sie haben alle das gleiche Feindbild. Das schweißt zusammen und erzeugt ein Gruppengefühl, ein Gefühl von Zugehörigkeit. Danach streben viele Menschen. Wenn Sie sich beispielsweise zusammen mit einem Kollegen über einen schwierigen Kunden oder den inkompetenten Vorgesetzten auslassen, fühlen Sie sich zu der Gruppe dazugehörig. Diejenigen, die die Situation mit Gelassenheit sehen, werden als Außenseiter abgestempelt.

- **Schlechte und alte Gewohnheiten:** Wut, Zorn, Aufregen und Nervosität werden zu Gewohnheiten, mit denen Sie auf bestimmte Situationen reagieren, weil sie diese verinnerlicht haben. Sie treten ganz automatisch auf, ohne dass Sie sich dessen wirklich bewusst sind. Diese Verhaltensmuster können Sie nicht in kurzer Zeit verändern. Das macht es so schwer, mehr Gelassenheit zu erlangen. Denn Sie haben viele Jahre die andere Art zu leben praktiziert.

- **Keine Aussicht darauf, Gelassenheit zu leben:** Sie haben den festen Glauben daran, dass bei Ihnen Gelassenheit nicht funktioniert, mit Ihrem Job und den weiteren Anforderungen schon gar nicht. Einfach zu viel Arbeit, Aufgaben, Stress, jede Menge nervende Menschen. Für nichts anderes ist Zeit. Wie sollen Sie dabei gelassener bleiben? Diese Gedanken und die damit einhergehende Einstellung lassen Sie mit Ihrem Vorhaben nach mehr Gelassenheit garantiert scheitern, da es direkt im Keim erstickt wird. Weil die Situation aussichtslos erscheint, wagen Sie erst gar nicht den Versuch. Sie brauchen sich daher nicht zu wundern, dass bei der nächsten Gelegenheit die Wut wieder hochkocht und Sie aus der Haut fahren.

- **Einfachheit:** Wut und Raserei sind der leichtere Ausweg aus Situationen, auch wenn Gelassenheit der positivere, bessere Weg ist. Doch hinter Gelassenheit lernen steckt viel Arbeit. Darum bleiben Menschen lieber dabei, sich über jede Kleinigkeit maßlos aufzuregen, aus der Haut zu fahren und den Emotionen freien Lauf zu lassen. Das erfordert nämlich keine Kontrolle. Wer gelassener werden möchte, muss umdenken, Selbstbeherrschung lernen und das Selbstbewusstsein aufbauen, um mit jeder Situation umgehen zu können, ohne gleich ausrasten zu müssen.

Warum ist Gelassenheit so wichtig und lohnenswert?

Gelassenheit bringt Ihnen nur Vorteile, sogar in den Situationen, wenn Gefahr droht. Sie reagieren besonnener und angemessener, wenn Sie nicht von Wut und Angst überflutet werden. Gelassenheit hilft Ihnen dabei:

- die beste Lösung ausfindig zu machen, wenn Probleme auftreten, anstatt wütend zu werden und andere Menschen verbal anzugreifen.

- zuzuhören, anstatt anderen ins Wort zu fallen, Kritik zu üben und anderen die Schuld zu geben.

- aus Misserfolgen und Fehlern zu lernen und sich dafür nicht kleinzumachen oder zu verurteilen.

- in der Lage zu sein, Schicksalsschläge und Krisen anzunehmen und nicht den Blick nach vorne zu verlieren, anstatt sich zu bedauern und an sich selbst zu zweifeln.

- Kritik und Zurückweisung nicht persönlich zu nehmen.

- Ihre Fähigkeiten zu entfalten und kreativ zu sein, anstatt ständig über eine Bruchlandung nachzudenken und Angst davor zu haben.

- Ihre Energie und Kräfte dosiert einzusetzen, anstatt alle wichtigen Ressourcen für Anstrengungen in Wut zu verschwenden.

- selbst über Ihr Verhalten zu entscheiden, anstatt in die Opferrolle zu schlüpfen.

- nicht so viele Sorgen zu haben, da viel weniger Bedrohungen vorhanden sind.

- deutlich besser mit Stress umzugehen.

Alle diese Punkte hören sich toll an. Allerdings müssen Sie dafür etwas tun. Doch warum sollten Sie sich um mehr Gelassenheit bemühen und an Ihnen selbst arbeiten? Ganz einfach! Weil Gelassenheit viele Vorteile bietet, die sogar nachgewiesen sind. Studien belegen, dass gelassene Menschen weniger grübeln, zufriedener, gesünder und glücklicher sind, egal, wie heftig sich alles darstellt. Sie haben ihre Gedanken unter Kontrolle und schaffen keinen Platz für falsche Berater, die auf emotionalen Empfindungen aufbauen. Sie stehen sich nicht selbst im Wege und sind erfolgreicher, weil sie einen guten Abstand zu Problemen und Krisen haben. Außerdem sind gelassene Menschen beliebt, weil sie einen ruhenden Pol darstellen. Wer ständig nervös, planlos und sprunghaft ist, wirkt wie ein gehetztes Tier und verbreitet wenig Souveränität. Gelassene Menschen haben weniger Sorgen und damit weniger Belastungen, die sie mit sich herumschleppen. Es bleibt viel Zeit, um sich auf die schönen, positiven Dinge zu konzentrieren, gute Lösungen zu finden und neuen Mut zu schöpfen. Denn eine pessimistische Einstellung hat keinen Platz im Leben von gelassenen Menschen.

Mit Gelassenheit sind Sie in der Lage, ohne äußere Einflüsse und Manipulationen das eigene Glück zu schmieden und das Leben nach den eigenen Vorstellungen zu gestalten. Gerade in der heutigen Zeit ist Gelassenheit wichtig und erlangt immer größere Bedeutung, weil alles immer schnelllebiger, größer und auch dramatischer wird. Sie entziehen sich ganz bewusst Trubel, Sorgen, Stress, auftretenden Zweifeln und gehen mit einer positiven Einstellung an die Dinge heran.

Den Königsweg wählen und Gelassenheit aneignen

Sie haben bisher erfahren, warum Gelassenheit so gut ist und was Ihnen den Weg versperrt. Sie kennen die Dinge und unterschiedlichen Abläufe. Eigentlich müssen Sie nicht mehr reagieren, sondern lediglich Entscheidungen treffen. Wenn da nur nicht die Ernüchterung wäre, die die Erkenntnis im Gepäck hat, dass die Informationen alleine nicht zu mehr Gelassenheit führen.

Auch wenn sich jetzt im ersten Moment Frust breit macht, sollten Sie die Lektüre nicht aus der Hand legen und Ihr großes Ziel nicht beiseiteschieben. Sie haben einiges an Wissen erlangt, dass Sie jetzt in einer vielleicht akuten Situation abrufen können. In den eigenen vier Wänden stellt Gelassenheit kaum eine große Herausforderung dar. Begegnet Ihnen im realen Leben ein Mensch, der Ihnen auf die Füße tritt und es tauchen immer wieder scheinbar neue Probleme auf, ist es mit der Ruhe vorbei.

Schon wieder stehen Sie kurz davor, aus der Haut zu fahren und Ihrem Frust, Ärger, Wut und Stress Luft zu machen. Sie sehen, Gelassenheit lernen ist eine knifflige Herausforderung, die es zu meistern gilt.

Vergessen Sie die Annahme, dass es „Sofort-Erfolge“ gibt. Doch Sie können mit Gelassenheit an die Sache gehen, um mehr Gelassenheit zu erlangen. Das gelingt Ihnen, indem Sie Ruhe bewahren und nicht gleich alles auf einmal verändern wollen. Der richtige Weg für mehr Gelassenheit funktioniert am besten Schritt für Schritt. Und das ist gar nicht so schwer...

Tipps für mehr Gelassenheit

1. Prüfen Sie Ihre Wahrnehmung

Ist etwas passiert, worüber Sie sich wieder maßlos ärgern und aufregen, sollten Sie einmal genauer schauen, was eigentlich passiert ist. Ist es wahrhaftig so furchtbar? Ist es wirklich so schlimm oder spielt Ihnen Ihre Einbildung nur einen Streich? Eine verbreitete Existenzangst ist beispielsweise: „Wenn ich die Arbeitsstelle verliere, finde ich nie wieder einen Job!“ In vielen Fällen ist das eine maßlose Übertreibung und hat nichts mit der Realität zu tun. Allerdings stellt sich hier ein sehr reales Gefühl ein. Um Gelassenheit zu lernen, müssen Sie Ihre eigene Realität auf den Prüfstand stellen und genau hinterfragen. Diese stellt sich oftmals sehr subjektiv dar und hat dadurch eine prägende Wirkung auf den eigenen Standpunkt.

Haben Sie zum Beispiel das Gefühl, dass es in Ihrem Umfeld einen Menschen gibt, der Ihnen nicht gut gesonnen ist, muss das noch lange nicht die Wahrheit sein. Darum lohnt es sich nicht, sich darüber aufzuregen.

2. Treffen Sie Entscheidungen

Vielleicht haben Sie ja das Gefühl, dass eine andere Person durch ein bestimmtes Verhalten nur darauf aus ist, dass Sie explodieren. Doch denken Sie immer daran, dass Sie die Entscheidung in der Hand haben. Sie haben die Entscheidungsfreiheit, ob sie gelassen reagieren oder auf die Herausforderung anspringen.

Sicherlich werden Sie mit Umständen konfrontiert, wo Gelassenheit unendlich schwerfällt. Sie verspüren den großen Wunsch, die Wut und den Frust herauszulassen. Die anderen tragen ja schließlich die Schuld an der Situation. Gerade in solchen Situationen bedeutet gelassen bleiben, sich zurückzunehmen. Damit haben Sie sich ganz bewusst zu dieser Reaktion entschieden. Nicht auf das provozierende Verhalten einzugehen und Ruhe zu bewahren, bedeutet, Eigenverantwortung zu übernehmen. Denn Sie wissen, dass Ihnen der Wutausbruch und der Stress nicht guttut. Sie belasten damit Ihre gute Gesundheit, die Sie ja eigentlich lange erhalten möchten.

3. Nicht mehr so viel vergleichen

Normalerweise schauen Menschen immer auf andere und stellen Vergleiche an. „Mein Nachbar hat ein schickeres, teureres Auto, mein Kollege fährt dreimal im Jahr in den Urlaub, mein Freund hat ein viel größeres Haus als ich...!"

Solche Denkweisen werden als Aufwärtsvergleich bezeichnet. Sie sehen nur, was andere haben und dass auf der anderen Seite des Zaunes das Gras viel grüner ist. Für solche Aussagen und Denkvorgänge gibt es sogar einen Grund. Durch die sozialen Vergleiche versuchen Sie in einer Gruppe anerkannt und akzeptiert zu werden. Viele Jahre früher war das für Menschen überlebenswichtig. Heute steht Ihnen ein solches Denken nur im Weg. Denn Sie sehen nur noch die Menschen, denen es scheinbar besser geht. Sie beginnen, sich zurückzuziehen und setzen sich massiv unter Druck.

Soziale Netzwerke wie Facebook, Instagram & Co. beeinflussen zusätzlich solche Aussagen und vergiften die Einstellung. Dadurch verbauen Sie sich den Weg in eine glückliche, gelassene Zukunft. Auf den Social Media Plattformen wird nur das tolle Leben mit seiner Schokoladenseite gezeigt. Es gibt nur die tollsten Bilder, die das Selbstbewusstsein des Betrachters tüchtig ankratzen. Es entsteht das Gefühl von Unterlegenheit.

Wenn Sie sich dieser Auswirkungen bewusstwerden, haben Sie die Entscheidungsfreiheit, ob Sie auf den Zug aufspringen wollen oder nicht. Noch besser ist sogar, dass Sie die Wahlfreiheit besitzen, ob Sie sich an diesem Spiel beteiligen wollen oder nicht.

4. Abwärts vergleichen

Schauen Sie doch einmal. Es gibt Menschen, die haben es nicht so gut wie Sie, sie müssen auf viele Dinge verzichten. Sie haben einen schlecht bezahlten Job und wohnen mit der ganzen Familie in einer Zweizimmerwohnung.

- Die vielen Menschen in den Ländern der Dritten Welt haben nichts zu essen und leben unter schlimmen Verhältnissen.

- Menschen mit einer Behinderung können ihr Leben nicht mehr alleine und selbstbestimmt gestalten.

- Menschen, die in die Obdachlosigkeit geraten, schieben ihr ganzes Hab und Gut in einem Einkaufswagen durch die Stadt und haben nachts keinen ordentlichen Platz zum Schlafen.

Es mag für Sie jetzt wie Klischees klingen. Doch diese Vergleiche funktionieren sehr gut. Wenn Sie über solche Dinge einmal nachdenken, werden Sie schnell große Dankbarkeit spüren. Es stellt sich Entspannung und Gelassenheit ein, weil Sie sehen, wie gut es Ihnen doch geht. Es ist keine Schande, wenn Sie Abwärtsvergleiche nutzen, um sich besser zu fühlen. **Wer sich gut fühlt, stellt die nötige Energie bereit, um anderen Hilfestellung zu geben**. Darum ist es nicht verwerflich.

5. Ausdrucksweise überdenken

Denken Sie einmal über die Wahl Ihrer Worte nach. Das mag vielleicht banal klingen, doch ist es nicht oft genug so, dass schnell aus einer Mücke ein Elefant gemacht wird? Machen Sie beispielsweise aus einem Problem ein MEGA-Problem oder aus schlechten Zahlen KATASTROPHALE Zahlen? Gehören zu Ihren Lieblingsworten „furchtbar, brutal, irrsinnig und der totale GAU?“

Bei kleinen Katastrophen werden Sie mit diesen Wortkombinationen zum Katastrophen-Sprecher und zeigen, dass Sie genauso denken! Sie verwenden die völlig überzogene XXL-Sprache und erzeugen damit noch mehr das Gefühl der Ohnmacht.

Sie reden sich selbst ein, dass es nichts mehr zu retten gibt und nichts mehr da ist, was Gelassenheit hervorrufen könnte. **Verwenden Sie eine realistische Sprache**. Damit gelingen Ihnen klare Gedanken und Perspektiven, die wiederum zu Gelassenheit führen.

6. Ausgleich schaffen

Das Aneignen von Gelassenheit gelingt leichter ohne Stress. Versuchen Sie Stressfaktoren so gut wie möglich zu entgehen und suchen Sie sich einen Ausgleich, der für Entspannung neben dem Dauerstress sorgt. Sie stehen mehr als 8 Stunden am Tag unter Hochspannung. Wie wollen Sie da den ständig wechselnden Situationen mit Gelassenheit entgegentreten?

Genauso wie Ihre wichtigen Termine, die Sie gut getaktet planen, nehmen Sie sich in Ihrem Terminkalender Zeit für sich selbst. Sie machen einen Termin mit sich und nutzen dieses Zeitfenster beispielsweise für ein Training im Fitnessstudio, ein Treffen mit guten Freunden, für ein gutes Buch, ganz einfach für Dinge, die Ihnen Spaß bereiten und Sie zur Ruhe kommen lassen. Dinge, die Ihnen Freude bereiten, verursachen keinen Stress, erlauben Ihnen, andere, angenehme Gedanken zu haben und helfen dabei, dass Sie vieles gelassener sehen.

7. Endlich „NEIN“ sagen

Besonders wichtig ist das kleine Wort mit den vier Buchstaben, wenn Überforderung droht. Die Arbeit im Büro bekommen Sie kaum noch bewältigt und es wird nicht weniger, sondern mehr, weil Ihnen noch ein Projekt zugeschoben wird oder ein kurzfristiges Meeting ansteht. Wenn es Ihnen zu viel wird, sollten Sie versuchen, falls möglich, zu delegieren. Genauso haben Sie die Möglichkeit, nein zu sagen, bevor alles eskaliert. Damit sind Sie die Person, die an der Stellschraube der Gelassenheit dreht. Sie passen die Rahmenbedingungen an und beugen damit Druck und Stress vor.

Nein zu sagen bedeutet nicht, dass Sie Schwäche zeigen. Vielmehr verdeutlicht das kleine Wort, dass Sie Ihre Grenzen kennen, die eingehalten werden sollen. Wer nein aus seinem Repertoire gestrichen hat, wird ausgenutzt. Daraus entsteht eine psychische und physische Überlastung, die Sie mit Gelassenheit nicht mehr ausgleichen können.

8. Prioritäten festlegen

Sie haben die Entscheidungsfreiheit in vielen Dingen, die Sie als wichtig, dringend, oder weniger wichtig erachtet werden und die Sie abgeben können. Dafür eignet sich die Eisenhower-Methode hervorragend.

Durch Ordnung schaffen Sie einen guten Überblick, der wiederum ein Gefühl von Sicherheit gibt. Es entsteht ein entspanntes Gefühl, dass den Weg zu mehr Gelassenheit ebnet. Verdeutlichen Sie sich, dass die meisten Situationen, Dinge und Personen ein Problem für mehr Gelassenheit darstellen. So wichtig, wie diese sich im ersten Moment darstellen, sind sie bei einer zweiten Betrachtung nicht. Stellen Sie die wirklich wichtigen Dinge im Leben den Sachen gegenüber, die Ihnen den Weg zu mehr Gelassenheit versperren. Sie werden feststellen, dass es keinen Anlass gibt, die Ruhe zu verlieren.

9. Exit-Strategie

Sie ist die sogenannte Notbremse, die Sie ziehen. Kommt es bei einem Streit zur Eskalation, schaukeln Sie sich nicht noch weiter hoch, sondern ziehen Sie sich zurück und verlassen Sie den Raum. Damit setzen Sie das Signal, dass Sie erst wieder mit dem Gesprächspartner reden, wenn beide Parteien sich beruhigt haben. Die Exit-Strategie nimmt nicht nur die Schärfe aus brenzligen Situationen und hilft Ihnen, gelassen zu bleiben, sondern ist zugleich ein guter Schutzmechanismus für dauerhafte Beziehungen. Oft werden im Affekt Worte gesagt, die Sie gar nicht mit einer solchen Härte zum Ausdruck bringen wollten.

Anstatt den Gesprächspartner anzugreifen und es später zu bereuen, ist der bessere Weg, frühzeitig bei sich selbst und bei anderen die Bremse zu ziehen.

Zitat:

„Gelassenheit gewinnt man nur in
der Besinnung auf das Wesentliche.“

Georg Moser

10. Trennen Sie sich von perfektionistischem Denken

Ausgeglichenheit hat einen natürlichen Gegner. Er heißt Perfektionismus und weiß ganz genau zu verhindern, dass Sie endlich einmal „Fünf gerade sein lassen“ und Ihre innere Ruhe finden. Er hat an allem etwas auszusetzen und nichts ist ihm gut genug. Wenn Sie Ihr Leben mit mehr Bewusstsein führen, wird Ihnen früher oder später klar, dass Perfektionismus Ihr Weiterkommen verhindert. Er frisst all Ihre Kraft, Energie und verbreitet Unzufriedenheit, da er behauptet, dass Sie es noch besser können. Er ist die Triebfeder, die Ihre kostbare Zeit beschneidet, und treibt Sie dazu, etwas perfekt erledigen zu wollen. Grundsätzlich könnten Sie in dieser verschenkten Zeit zehn andere Sachen zum Abschluss bringen.

Treten Sie dem Perfektionismus mit Gelassenheit entgegen und entscheiden Sie sich bewusst, ob Sie sich wirklich darauf einlassen wollen. Machen Sie sich aber auch gleichzeitig klar, dass es ein „perfekt“ nicht gibt.

Tipp:

Entscheiden Sie sich dafür, nicht alles perfekt machen zu wollen. Das ist die bessere Wahl, wenn es um Gelassenheit geht!

11. Hören Sie auf, Sachen schnell zu erledigen

Sie kennen das. Es sind noch 20 Minuten, bis Sie den nächsten Termin haben oder ein guter Freund Sie zum gemeinsamen Abend abholt. Da können Sie eben noch...

- das Bett frisch beziehen
- Wäsche aufhängen
- wichtige Mails beantworten
- den nächsten Tag planen.

Plötzlich klingelt Ihr Freund an der Haustüre und Ihnen fällt ein, dass Sie Ihr T-Shirt noch gar nicht gebügelt haben und die Turnschuhe noch schmutzig sind. Wenn Sie zu der abgebrühten Sorte Mensch gehören, lassen Sie Ihren Freund warten. Grundsätzlich entsteht aber großer Stress, da Sie Zeit damit vergeudet haben, andere Dinge noch schnell zu erledigen. Anstatt produktiv zu sein, haben Sie sich nur verzettelt. Dafür gibt es aber eine patente Lösung! Wenn Sie einen bewussten Lebensstil pflegen, wird Ihnen ein solches Verhalten immer wieder auffallen. Es eröffnen sich Chancen dafür, dass „mal eben zwischendurch“ zu verändern und „jetzt nicht“ zu sagen.

Sofortmaßnahmen

Erst einmal durchatmen: Wenn die Gefühle hochkochen und Sie kurz davor sind, aus der Haut zu fahren, sollten Sie zuerst tief durchatmen. Zählen Sie bis zehn, vielleicht sogar bis 50. Nehmen Sie eine aufrechte Körperhaltung im Stehen oder Sitzen ein und schieben Sie die Schultern nach hinten. Atmen Sie durch die Nase bis tief in den Bauch, ohne den Brustkorb zu heben. Verwenden Sie dabei die 4-6-8-Methode. Beim Einatmen zählen Sie bis vier, halten anschließend die Luft an, während Sie bis sechs zählen und zählen bis acht, wenn Sie wieder ausatmen. Diese Atemübung führen Sie ruhig mehrmals durch, um Stress und Frust wegzuatmen. Sie vermeiden damit Kurzschlussreaktionen, die nachhaltige Folgen haben können. Probieren Sie es aus – es funktioniert!

Analysieren Sie aufkeimenden Ärger: Versuchen Sie, einen Schritt beiseite zu machen und stellen Sie sich die Frage, was Sie an der Situation so in Rage bringt. Der Ärger hat seinen Ausgangspunkt in Ihnen und wird nur durch Ihr Umfeld ausgelöst. Mit einem gesunden Abstand haben Sie die Chance, einen schärferen Blick auf das gesamte Bild zu werfen.

Sie geben damit der erfahrenen Kränkung die Bedeutung, die ihr zusteht, und schaffen es somit, die eigene Wut auf ein normales Niveau zu bringen. Oftmals steckt hinter solchen Bösartigkeiten nur Dummheit, Naivität oder Schusseligkeit.

Schweigen ist Gold: Verinnerlichen Sie sich diesen Punkt ganz genau, da er große Wichtigkeit hat. Gerade wenn die Wut am größten ist, sollten Sie Ihretwegen den Mund halten, da Ihre Äußerung zum Bumerang werden kann.

Zitat:

„Ein Mensch sagt nur die
Wahrheit, wenn er wütend ist."

Graham Green

Spitzfindigkeiten einfach überhören: Wer nicht gleich auf Provokation anspringt, zeigt Größe und Reife. Also überhören Sie einfach die kleinen Sticheleien und schalten Sie Ihre Ohren auf Durchzug.

Einordnen und langfristig denken: Schnell macht sich der Gedanke nach Rache breit. Doch Gleiches mit Gleichem zu vergelten, hat Unrecht noch nie ungeschehen gemacht, sondern eher verschlimmert. Darum sollten Sie sich immer die Folgen deutlich machen.

Zitat:

„Wenn die Wut wächst, denke an
die Konsequenzen.“

Konfuzius

Richten Sie den Blick auf die Zukunft und machen Sie sich die Folgen von einem Wutausbruch deutlich. Sie werden schnell erkennen, welche Reaktion besser ist.

Aktiv werden

Reden: Sprechen Sie mit einem guten Freund oder einer guten Freundin. Damit gelingt Ihnen ein spontaner Abbau von Stress und Ärger, weil Sie dabei die Gedanken neu sortieren und sich vor falschen Einschätzungen schützen. Greifen Sie auf wirklich gute, vertrauenswürdige Menschen zurück, damit Ihnen aus dem Gesagten kein Strick gedreht wird. Der nette Kollege oder die liebe Kollegin sind selten gute Ratgeber, da die Informationen später eventuell gegen Sie verwendet werden, um Sie zu demontieren.

Trinken: Wasser ist dabei die beste und einfachste Methode, um Ärger einfach herunterzuspülen. Bald stellt sich ein ruhigeres Gefühl ein und Sie können wieder einen klaren Gedanken fassen, ohne Wut, Frust und Ärger zu empfinden.

Bewegung: Die beste und effektivste Art, um Ärger und Stress abzubauen ist Sport und Bewegung. Stresshormone werden abgebaut und es entsteht eine gute Distanz zu Ärgernissen und Problemen, die Ihnen im Job und im Alltag begegnen. Nutzen Sie beispielsweise die Mittagspause für einen Spaziergang oder gehen Sie nach dem Feierabend eine Runde trainieren. Sie werden sehen – bewegen bewirkt beim Stressabbau wahre Wunder!

Meditieren und entspannen: Ein stürmisches, überschäumendes Temperament lässt sich mit Yoga und autogenem Training in ein sanft schnurrendes Kätzchen verwandeln. Diese beiden Methoden von Edmund Jacobson erzeugen in bestimmten Muskelgruppen eine gezielte Anspannung, die plötzlich wieder gelöst wird. Durch Anspannen und sofortiges Lösen entspannt sich Ihr Körper innerhalb weniger Minuten. Allerdings bedarf es dafür etwas Übung. Möchten Sie es einmal ausprobieren?

Starten Sie mit den Füßen und halten Sie Ihre Zehen für rund 4 Sekunden mit aller Kraft zusammengeballt. Anschließend lösen Sie ruckartig die Spannung. Machen Sie eine kurze Pause und wiederholen Sie anschließend die Übung. Konzentrieren Sie sich in der kurzen Pause und fühlen Sie die Wärme, die in Ihren Fußspitzen entsteht. Anschließend gehen Sie zur Ferse und zu weiteren Muskelgruppen, die Sie nach und nach anspannen und plötzlich wieder lösen. Die Wirkung ist einmalig, da sich viele Muskeln bereits entspannt haben, bevor Sie zu den Armen gelangen.

Vergeben, vergessen und suchen

Vergeben: Damit ist weder Theatralik noch ein sentimentaler Ausbruch gemeint. Vergeben bedeutet, dass Sie Situationen so akzeptieren müssen, wie sie sind und das Sie sich mit der anderen Person versöhnen, ganz gleich, wie sehr Sie verletzt wurden. Wer nicht vergibt, hat irgendwann nur noch Feinde um sich herum. Sie können Geschehnisse in der Vergangenheit eh nicht mehr ändern. Darum sollten Sie in der Zukunft alle Chancen ergreifen, um wieder selbst über Ihr Leben zu bestimmen.

Vergessen: Steht in einer engen Verbindung zu vergeben und bedeutet, dass Sie mit der Vergangenheit abschließen und ein Aufreißen von alten Wunden verhindern. Damit tun Sie nicht nur sich selbst etwas Gutes, sondern nutzen gleichzeitig die Chance, zu vergeben und sich zu versöhnen.

Suchen Sie nach den guten Seiten. Bösartigkeit zeigt nur eine Seite des Charakters einer anderen Person. Jeder Mensch hat auch eine andere, gute Seite. Vielleicht müssen Sie bei einigen Zeitgenossen länger auf die Suche gehen, um die gute Seite zu finden. Doch es gibt sie! Ausfindig machen lässt sich diese, indem Sie fokussierter hinschauen. Damit verändern Sie die andere Person zwar noch nicht, dafür aber die eigene Einstellung. Oft entpuppt sich dabei die Feindseligkeit als Angst, Ignoranz, Vorurteil, Stolz oder Missverständnis. Vielleicht erkennen Sie sich sogar selbst darin wieder. Die Erkenntnisse helfen dabei, Feindschaften abzubauen.

Zitat:

„Was nicht in uns selbst ist, das
regt uns nicht auf."

Hermann Hesse

Psychologische Kniffe

Sagen Sie mit **Humor** und **Lachen** der Wut den Kampf an. Die Wissenschaft hat das Lachen einmal genauer erforscht und festgestellt, dass sich mit Lachen Stress abbauen lässt. Lachen ist gesund, da es die Abwehrkräfte stärkt, die Stimmung verbessert, Schmerzen lindert und den Blutdruck senkt. Beim Lachen schüttet der Körper vermehrt Glückshormone aus, die eine positive Wirkung erzielen. Lachen fördert eine positivere Einstellung und sogar das Weiterkommen im Beruf. Fröhliche Mitarbeiter sind bedeutend produktiver, leistungsfähiger, kreativer und gesünder. Außerdem sorgen das Lachen und die damit einhergehende positivere Einstellung für soziale Beziehungen mit Zusammenhalt.

Selbstgespräche führen: Indem Sie mit sich selbst reden, erhöhen Sie enorm Ihre Leistungsfähigkeit, sorgen für Ablenkung und können störende Geräusche optimal ausblenden. In der Diskussion mit Ihnen selbst können Sie sich besser von Problemen distanzieren, Sorgen und Ängste lösen, Aggressionen minimieren, einen differenzierten Blick sowie auch mehr Klarheit in Ihren Gedanken erhalten.

Dankbarkeit: Das ist ein wichtiger Eckpfeiler für Erfolg. Indem Sie dankbar sind, erlangen Sie eine bessere Einstellung, Motivation und Beziehung zu anderen Personen. Negative Gedanken werden ausgelöscht und der Stress reduziert sich. Denken Sie einmal nach: Es hätte durchaus schlimmer sein können! Möglicherweise hat das aktuelle Problem Sie vor Schlimmerem bewahrt. Üben Sie sich daher in Dankbarkeit. Seien Sie dankbar für Ihre Freunde, Gesundheit, die liebevolle Familie und für das, was Sie bisher geschafft haben.

Mit Resilienz zu mehr Gelassenheit

Resilienz wird auch als Immunsystem der Seele bezeichnet. Sie gibt den Menschen die benötigte Kraft und Energie, um Krankheiten, Krisen, Schicksalsschläge, Verluste, Misserfolge und persönliche Katastrophen zu überstehen und Gelassenheit zu erlangen. Die Ausprägung ist allerdings von Mensch zu Mensch unterschiedlich. Die Psychologie beschreibt resiliente Menschen als Personen, die Lebenskrisen unbeschadet durchstehen und bereits kurze Zeit später ihr Leben wieder in den Griff bekommen können.

Sie verfügen über enorme seelische Stärke, die es ihnen ermöglicht, schnell wieder zu ihrer Hochform zu gelangen. Warum gelingt das diesen Menschen so leicht? Sind sie von Anfang an mit dieser positiven Eigenschaft ausgestattet worden? Gibt es dafür einen Zaubertrank oder ein Geheimrezept? Nein! Diese Menschen haben Resilienz in ihrem Leben gelernt und immer weiter daran gearbeitet!

Definition: *Resilienz bedeutet, Schicksalsschläge, Frust, Wut und Ärger überwinden zu können!*

Anfang der Neunzigerjahre tauchte der Begriff erstmals in der Verhaltensforschung auf. Resilienz ist abgeleitet vom lateinischen „resillio“, das so viel wie "abprallen oder zurückspringen bedeutet und ursprünglich aus der Physik kommt. Resilienz beschreibt in der Materialforschung extrem elastische Werkstoffe, die nach dem Verformen den Weg zurück in die Ursprungsform finden. In der Verhaltensforschung könnte demnach folgende Definition zu Resilienz gelten:

Definition: *„Resilienz ist die Fähigkeit, schwierige Lebenssituationen ohne anhaltende Beeinträchtigungen zu überstehen.“ Duden*

Definition: *„Als Resilienz bezeichnet man in der Psychologie die Fähigkeit zu Belastbarkeit und innerer Stärke. Vor allem in der therapeutischen Arbeit wird verstärkt wertdaraufgelegt, Resilienz auszubilden, um damit psychische Störungen und andere persönliche Probleme vorzubeugen.“ Stangl, W. Online Lexikon*

Gemäß den Definitionen beschreibt Resilienz die emotionale und seelische Widerstandskraft, die dafür aufgebracht wird, um sich von Krisen, Stress und Anfeindungen, die zu einem Temperamentsausbruch führen könnten, nicht beeinflussen zu lassen.

Sie wachsen über sich hinaus, weil Sie das Beste daraus machen und dazulernen. Sie lassen sich nicht unterkriegen, sondern gehen die Situationen an. Es wird genauer geschaut, ob Sie etwas verändern können oder nicht. Veränderbaren Herausforderungen werden mit der bereitgestellten Energie die Stirn geboten und gleichzeitig stellt sich ein besserer Umgang mit der Belastung ein. Kinder können bereits Resilienz entwickeln, wenn sie früh mit Verlusten oder einem Trauma konfrontiert werden. Dafür ist aber eine unterstützende, positive Bezugsperson sehr wichtig. Im Gegensatz zu Resilienz gibt es die Vulnerabilität, die bei Menschen auftritt, die sehr verletzlich, sensibel und zart besaitet sind. Zu dieser Gruppe zählen rund 15 Prozent der Bevölkerung.

Was sagt die Resilienzforschung?

Die Wissenschaftler, die sich mit dem Thema eingehender beschäftigen, sind der Meinung, dass Leiden zum Leben gehört. Früher wurde die Meinung vertreten, dass Resilienz nichts anderes als Unverletzlichkeit, abgehärtet sein und Gelassenheit bedeutet. Sie kennen doch diese Stehaufmännchen. Diese werden oft als Vergleich für resiliente Menschen herangezogen. Sie fallen hin, stehen wieder auf, rücken die Krone zurecht und machen einfach weiter. So einfach gestaltet es sich aber nicht.

Denn kein Mensch ist gegenüber Trauer, Fehlschlägen, Anfeindungen und Problemen immun. Eine schlimme Krankheit, bösartige Anfeindungen und unüberschaubare Probleme bringen selbst den stärksten Charakter ins Wanken und reißen tiefe Wunden auf.

Zitat:

„Das Leben ist eine
Gratwanderung zwischen allen
Formen der Verletzlichkeit."

Boris Cyrulnik

Der französische Neuropsychiater hat sich mit Resilienz sehr intensiv über viele Jahre hinweg beschäftigt und etliche Bücher darüber verfasst. Der an der Universität von Jena lehrende Soziologe Bruno Hillenbrand geht sogar noch einen Schritt weiter und stellt die Behauptung auf, dass Krisen zum Normalzustand im Leben gehören und nicht als Ausnahme gelten. Die Ratschläge von Philosophen legen Menschen immer mit dem souveränen Umgang mit Leid, Krisen und Problemen nahe. Einmal bei alten römischen Stoikern geschaut, wird deutlich, dass diese davon ausgingen, dass es nur eine einzige Suche nach Faktoren für Resilienz gibt.

Ob das wirklich zutrifft, ist nicht weiter belegt. Auch wenn von Seneca, Marc Aurel und Epiktet der richtige Umgang mit Leiden und dem Aufspüren von Gelassenheit gelehrt wurde, sieht das die stoische Ethik eher kritisch, wenn durch Verleumdung Emotionen ausgeschaltet werden. Im Buddhismus wird diese Haltung zusammen mit Gleichgültigkeit gelehrt.

Die Psychiatrie sieht diesen Weg eher als fragwürdig und wenig produktiv, da sich die wahre Lebenskunst nicht auf Verleumdung und Unterdrücken von seelischen Schmerzen begründet. Sie gehören zum Leben dazu, ob Sie wollen oder nicht. Die Frage ist nur, wie Sie diesen Dingen gegenübertreten. Haben Sie ein gewisses Maß an Resilienz, überwinden Sie Kummer, Ängste, Leid, Sorgen und Probleme deutlich schneller als andere Menschen. Sie haben keinen Panzer, von dem alles Negative abprallt, sondern besitzen die Gabe, besser damit umzugehen und haben dadurch entstehende Wut besser unter Kontrolle. Sie durchleben auch Tiefpunkte, verharren aber nicht in einer Schockstarre, sondern rappeln sich immer wieder auf. Achten Sie darauf, während einer Krise nicht ins Grübeln zu verfallen. Damit entstehen nur Gefühle, die Ihr Handeln massiv beeinflussen und den Blick trüben.

Es entstehen Annahmen, die Sie fest in die Gedankenwelt integrieren und die immer dann auftreten, wenn es einmal nicht so gut läuft.

Ein kleines Beispiel: Wenn Sie fest daran glauben, dass Sie niemals auf der Sonnenseite des Lebens sind, geben Sie dem lähmenden Gefühl, welches Verzweiflung heraufbeschwört und Ihnen das Gefühl gibt, dass Sie nichts anderes verdient haben, immer wieder neuen Treibstoff. Sie schwimmen weiter in der trüben Suppe und schaffen es nicht, über den Tellerrand hinauszuschauen. Sie verharren und es tritt Stillstand ein. Wer seine Handlungsfähigkeit zurückerlangen und gelassener werden möchte, muss die eigenen Gedanken neu konditionieren. Indem Sie die Gedanken auf die jetzige Situation konzentrieren, erzeugen Sie eine zuversichtliche Haltung und sagen sich, dass Sie das nächste Mal in der Lage sein werden, die Situation in die richtige Richtung zu lenken.

Die 7 Eckpfeiler der Resilienz

Mit den 7 Eckpfeilern sind wichtige Merkmale der Persönlichkeit eines Menschen gemeint, die ihn bei der Bewältigung von Krisen und Stress auszeichnen. Zusammengenommen ergeben sie die einzigartigen Charaktereigenschaften, die resiliente Menschen vorzuweisen haben.

- Selbstbewusstsein
- innere Stärke
- Gefühlsstabilität
- Optimismus
- Kontaktfreude
- Handlungskontrolle
- Realismus
- Analysestärke

Können Sie sich mit diesen Punkten identifizieren? Wie viele davon haben Sie bei sich selbst entdeckt? Je höher die Zahl der Eigenschaften ist, desto mehr Widerstandskraft steht Ihnen zur Verfügung, um Krisen, Probleme und Ängste ohne extreme Gefühlsausbrüche zu überwinden.

- Das **Selbstbewusstsein** resilienter Menschen erzeugt den starken Glauben an die eigenen Kompetenzen und Fähigkeiten. Jammern ist für sie keine Option.

Die Energie wird dafür verwendet, etwas zu verändern und zu bewegen. In der heutigen Geschäfts- und Wirtschaftswelt ist diese Eigenschaft von großer Bedeutung. Durch das ausgeprägte Selbstvertrauen sind diese Menschen in der Lage, selbst passende Lösungsmöglichkeiten zu finden.
Sie erhalten Bewunderung von anderen und geben damit ihrem Vertrauen in sich selbst einen deutlichen Schub nach vorne.

- Die **Gefühlsstabilität** ist bei resilienten Menschen sehr ausgeprägt, weil sie innere Stärke besitzen und in der Lage sind, die Aufmerksamkeit richtig zu steuern und analytisch mit Gefühlen umzugehen. Sie lokalisieren die Belastungsauslöser wie Sorgen, Kummer, Stress und Feindseligkeiten und betrachten diese als Herausforderung. Damit gelingt es ihnen, nach kurzer Zeit wieder in den richtigen Flow zu kommen. Sie haben einen unerschütterlichen Glauben an sich selbst. Daraus erwächst innere Stärke und Gefühlsstabilität.

- Resiliente Menschen sind Optimisten. Denn durch ihren **Optimismus** sind sie dazu in der Lage, Dinge positiv zu sehen und in verschiedenen Krisensituationen

Widerstandsfähigkeit zu beweisen. Es gibt bei ihnen keine Verallgemeinerungen. In ihrem Wortschatz gibt es keine Sätze wie „das schaffe ich nicht“. Es wird den Tatsachen ins Auge geschaut. Dinge, die gerade nicht rund laufen, funktionieren garantiert beim nächsten Mal.

Sie schlüpfen auch nicht in die Opferrolle und suchen bei sich selbst die Schuld. Die Niederlage wird akzeptiert und es wird nach neuen Lösungsmöglichkeiten Ausschau gehalten. Mit ihrer optimistischen Einstellung eröffnen sich neue Chancen, um Probleme zu beseitigen. Krisen sind nicht mehr allumfassend, sondern zeitlich begrenzt, bis eine Lösung gefunden ist. Damit verlieren Krisen an Gewicht.

- Resiliente Menschen reden gerne und haben gerne Kontakt zu anderen Menschen. Durch die **Kontaktfreude** und das Mitteilen sind sie in problematischen Situationen nicht alleine, da andere Menschen mit einbezogen werden. Es entstehen aktive Gespräche mit Menschen, die über Einfühlsamkeit verfügen, als Unterstützer agieren und dem Gesprächspartner die eigenen Stärken aufzeigen. Kontaktfreudige

Menschen sind durch ihre emotionale Intelligenz in der Lage, Verhalten richtig zu deuten, gelassen damit umzugehen und lange Beziehungen aufzubauen.

- Resilienz beschert eine sehr gute **Handlungskontrolle**. Dadurch entstehen deutlich weniger impulsive Reaktionen, weil mit negativen Reizen überlegter und kontrollierter umgegangen wird. Das Gleiche gilt für positive Reize wie Belohnungen. Es wird abgewägt, ob eine sofortige Belohnung oder spätere Belohnung sinnvoll ist, weil der Verzicht auf Gratifikation dienlicher für Zukunftsziele ist.

- Ein gesunder **Realismus** gehört zur Ausstattung von resilienten Menschen. Sie denken langfristig und leiten die Denkvorgänge von realistischen Zielen ab. Dadurch entsteht das perfekte Grundgerüst, um nicht durch kurzzeitige Wendepunkte im Leben das eigentliche Ziel aus dem Auge zu verlieren. Es erfolgt vielmehr eine gedankliche Vorbereitung auf die Zukunft. Damit gelingt es ihnen, Herausforderungen souveräner und schneller anzugehen. Dabei wird realistisch nach vorne geschaut. Die Desaster-Forschung weiß heute, dass resiliente Menschen Unheil nicht durch einen rosaroten Filter betrachten, sondern konstruktiv an die Verarbeitung von Tragödien, Kummer, Sorgen und Wut herangehen.

- Menschen mit Resilienz besitzen eine ausgeprägte **Analysefähigkeit**.

  Das hilft ihnen dabei, alte, eingefahrene Denk- und Verhaltensmuster abzulegen. Sie erkennen die Ursache der negativen Erlebnisse und setzen sich gezielt damit auseinander. Dabei finden sie bessere Lösungen und Alternativen, die zukunftsorientierte Möglichkeiten bereitstellen.

Resilienz stärken und Gelassenheit erlangen

Krisen besser meistern und das Temperament in den Griff bekommen gelingt Ihnen, wenn Sie die Resilienz stärken und ausbauen. Die US-amerikanische Psychologen-Vereinigung hat dafür vor einiger Zeit eine praktische Anleitung herausgebracht. Sie beinhaltet zum Beispiel folgende Ratschläge:

- Versuchen Sie, Veränderungen und Herausforderungen als festen Bestandteil des Lebens zu akzeptieren.

- Betrachten Sie persönliche Krisen nicht als Hindernisse, die Sie nicht überwinden können.

- Vertrauen Sie auf Ihre persönlichen Ziele und Ihr Können.
- Treffen Sie Entscheidungen aktiv und verabschieden Sie sich von der Opferrolle.

- Beurteilen Sie die jetzige Situation unter dem Aspekt der Langfristigkeit, um neue Perspektiven zu erhalten.

- Starten Sie mit dem Aufbau von sozialen Beziehungen.

- Üben Sie Achtsamkeit und gehen Sie achtsam mit sich selbst um.

- Verinnerlichen Sie eine positive Denkweise über Ihre eigene Person.

Um mehr Gelassenheit zu erlangen und positiv zu denken, gibt es einige Dinge, die Sie machen können:

Reflektieren Sie Krisen und Situationen aus der Vergangenheit, die zu einem Temperamentsausbruch geführt haben. Sobald Sie dort einmal genauer hinschauen, erlangen Sie durch Selbstreflexion die Erkenntnis darüber, welche Herausforderungen Sie bereits gemeistert haben und dass dieses auch in der Zukunft gelingen wird.

Durch die Analyse finden Sie Ihre Stärken und vorhandenen Ressourcen heraus. Die positiven Erkenntnisse verleihen Ihnen Zuversicht. Im Leben läuft nicht immer alles rund. Akzeptieren Sie darum die Situationen so, wie sie sind. Es sind keine bösen Mächte am Werk, die Ihnen die Gelassenheit rauben und Sie falsch leiten. Niederlagen und der Verlust von Gelassenheit passieren einfach so aus heiterem Himmel. Wenn Sie sich die Situation noch einmal vor Augen führen, eröffnen sich ungeahnte Chancen, die Sie für das Lernen von mehr Gelassenheit nutzen können.

Schauen Sie nach Lösungen und Auswegen. Damit schaffen Sie die besten Voraussetzungen, um mit Problemen fertig zu werden und mehr Gelassenheit zu erlangen. Aus den Lösungsansätzen entwickeln sich ganz automatisch neue Ziele.

Auf diese können Sie hinarbeiten und Ihre Motivation erhöhen, anstatt in eine Schockstarre zu verfallen. Indem Sie Herausforderungen für die Weiterentwicklung nutzen, ergeben sich für Sie einzigartige, nützliche Erfahrungen. Es stellt sich eine erweiterte Sichtweise und ein neues Spektrum an Wissen ein. Damit sind Sie für die nächsten Herausforderungen, die Ihre Gelassenheit auf die Probe stellen, bestens gerüstet. Resilienz ist daher auch Weiterentwicklung.

Beginnen Sie damit, Resilienz aufzubauen. Jeder kann es. Nur einer geringen Anzahl von Menschen bleibt dieses verwehrt. Zu dieser Erkenntnis ist der US-Psychologe George A. Bonnano gekommen. Laut ihm sind ein Großteil der Menschen mit den besten Voraussetzungen ausgestattet, um Resilienz zu erlernen, mehr Gelassenheit zu erlangen und das seelische Immunsystem auszubauen.

Entscheidungen treffen und gelassener werden

Jeder Mensch fällt am Tag ungefähr 20.000 Entscheidungen. Viele davon in Windeseile. Das beginnt, wenn morgens früh der Wecker klingelt und Sie sich dazu entscheiden, noch 10 Minuten bis zum nächsten Weckerklingeln liegenzubleiben. Doch damit beschneiden Sie die Zeit für die Morgentoilette und das Frühstück. Es gibt heute Morgen nichts Richtiges zu Essen, sondern nur einen zweiten Kaffee auf die Schnelle. So geht das den ganzen Tag. Viele Entscheidungen treffen Sie unbewusst. Zum Glück! Denn durch die unterschiedlichen Optionen, die Ihnen für Ihre Entscheidungen bereitstehen, würden Sie sonst zu nichts anderem mehr kommen. Auch auf der Arbeit sind immer viele Entscheidungen zu treffen, wo Sie blitzschnell reagieren müssen, ob Sie wollen oder nicht. Die Frage ist aber letztendlich, wie Sie Entscheidungen treffen sollten.

Kopf oder Bauch?

Spontane Entscheidungen und Urteile kommen meist aus dem Bauch. Haben sie deshalb einen anderen Stellenwert als Kopfentscheidungen? Die Antwort lautet: „Ja“! In vielen Fällen sind die Entscheidungen und Urteile, die aus dem Bauch heraus kommen besser, weil Sie intuitiv sind und deutlich schneller gefällt werden. Die Psychologin der Universität Chicago Sian Leah Beilock fand heraus, dass beispielsweise Golfspieler in der Profiliga besser spielen, wenn sie für den nächsten Abschlag keine Zeit zum Nachdenken haben. Nur beim ersten Schlag ist das anders.

Es wird ja immer wieder behauptet, dass Gefühle das Gehirn vernebeln. Das ist nicht ganz richtig, wie ein weiterer Versuch gezeigt hat. Der US-amerikanische Neurologe Antonio Demasio der Iowa University schloss Anfang der Neunzigerjahre dafür die Versuchsteilnehmer an einen Lügendetektor an und gab Ihnen Karten zum Spielen, die vorher präpariert wurden. Das erste Kartenspiel brachte große, das zweite kleine Gewinne. In beiden Stapeln gab es rote Karten, für die Spieler eine Strafe zahlen mussten. Die Tücke: Der zweite Stapel hatte weniger Strafkarten, sodass sich das Spielen damit längerfristig mehr lohnte. Den meisten Probanden fiel das nach der 50. Karte auf. Bei der Auswertung der Lügendetektor-Aufzeichnungen kam sensationelles ans Tageslicht. Ihre Intuition hatte die Teilnehmer schon nach der 10. Karte gewarnt.

Entschiedenheit gleich Entscheidung?

Zitat:

„Wenn du Entscheidungen treffen musst und du triffst keine, ist das auch eine Entscheidung."

William James (US-Psychologe)

Hinter Entschiedenheit steckt aber noch viel mehr, als eine Auswahl zu treffen. Entschiedenheit bedeutet, dass Sie sich komplett auf eine Sache einlassen, die ganze Energie auf die Zielerreichung legen und keine Hintertüre offenlassen. Wenn Sie sich beispielsweise dafür entschieden haben, beim Ironman mitzumachen, können Sie abends nicht faul auf dem Sofa liegen, sondern müssen jeden Tag hart trainieren. Entschiedenheit ist nichts anderes, als bewusst eine Wahl zu treffen und dementsprechend auch zu handeln. Daher gilt der Satz, dass Sie das machen, wonach Ihnen der Sinn steht – aber mit ganzem Herzblut!

Studien haben gezeigt, dass durch eine solche Haltung ungeheure Produktivität und Kreativität entstehen. Langes Zögern und hinausschieben von Entscheidungen ist das Schlimmste, was Sie tun können. Denn damit verlieren Sie nicht nur den Respekt von anderen, sondern auch den Respekt vor sich selbst. Entschiedenheit kann auch bis zur Besessenheit heranwachsen und eine große Gefahr darstellen. Extreme Verbissenheit macht immer einen verkrampften, wenig souveränen Eindruck. Mit Ihren Entscheidungen erfolgt gleichzeitig der Ausschluss vieler weiterer Alternativen:

- Sie entscheiden sich für den Kauf des neuesten iPhones und damit gegen den Kauf von anderen Smartphones.

- Sie entscheiden sich für diesen einen Menschen, um Ihr Leben mit ihm zu teilen und schließen damit andere Personen aus, die vielleicht noch an Ihnen Interesse haben.

Leider schauen Menschen nach dem Verlust, der durch diese spezielle Entscheidung entstehen könnte. Es wird sich nicht über die eigene Entscheidung beziehungsweise Wahl gefreut. Aus der Angst heraus, einen Verlust zu erleiden, werden dumme, unsinnige Entscheidungen getroffen, die nur kurzzeitig als Belohnung gesehen werden. Der amerikanische Verhaltensökonom und angesehene Forscher Dan Ariely verdeutlicht dieses in unzähligen Experimenten, die er mit Testteilnehmern durchgeführt hat.

In einem seiner Experimente setzte er die Teilnehmer vor einen Rechner, der auf dem Bildschirm drei Türen in Rot, Grün und Blau anzeigte. Die Probanden durften sich eine Türe aussuchen und diese anklicken. Anschließend öffnete sich diese Türe zum dahinterliegenden Raum, wo sich drei weitere Türen in den gleichen Farben befanden. In jedem der Räume gab es Geld. Daher bestand die Aufgabe darin, die Türe ausfindig zu machen, hinter der sich die größte Geldsumme befindet, um den Gewinn zu erhöhen. Dafür standen den Teilnehmern 100 Klicks zur Verfügung.

Der Hauptaspekt lag darauf, eine Strategie zu entwickeln, nach der Entscheidungen getroffen werden. Dabei galt es, das meiste aus den begrenzten Optionen herauszuholen. Wahlloses Klicken reduzierte die Aussicht auf einen hohen Gewinn deutlich. Ariely hat sich für den Test etwas besonders ausgedacht. Haben die Teilnehmer 12 Mal hintereinander eine bestimmte Türe nicht angeklickt, verschwand diese vom Bildschirm. Es stellte sich der Effekt ein, dass die Probanden plötzlich wild herum klickten, weil Sie diesen raffinierten Schachzug erkannt haben. Damit wollten sie das Verschwinden einer Türe verhindern. Sie verloren natürlich eine ganze Menge der begrenzten Optionen, wodurch sich der Gewinn auch schmälerte.

Wären sie allerdings der anfänglichen Entscheidung treu geblieben, hätten sie den höchsten Gewinn erzielen können. Immerhin hatte sich doch nur die Auswahl verringert und damit die Chance verbessert, richtig zu klicken.

Langfristige Entscheidungen – ein Dilemma

Bei langfristigen Entscheidungen entsteht das Problem, dass Sie erst in der Zukunft davon profitieren, da die Ergebnisse erst später sichtbar werden. So sehen Sie beispielsweise bei der Entscheidung für einen bestimmten Beruf erst nach Abschluss der Ausbildung, welche vielen Möglichkeiten sich dadurch bieten. Genauso ist es, wenn Sie sich dazu entscheiden, mehr Gelassenheit zu lernen und nicht mehr wegen jeder Kleinigkeit in die Luft zu gehen.

Da keine sofortige Belohnung erfolgt, werden auf kurzfristige Lösungen zurückgegriffen. Allerdings gehen Sie damit einen Kompromiss ein, weil Sie sich keine Gedanken darüber machen, was Sie wirklich wollen. Kurzfristige Lösungen mögen sogar Vorteile haben, doch sie sind auch sehr gefährlich. Sie verlieren das eigentliche Ziel aus dem Blickfeld, dass Sie zu mehr Gelassenheit sowie einem gesunden, glücklichen und zufriedenen Leben führen soll.

Sie biegen immer öfter von Ihrem eigentlichen Weg ab, nehmen große Umwege und haben sich schnell im Gewirr verlaufen.

Interessante Fakten, die Sie bestimmt noch nicht über Entscheidungen wussten

Sie sollten sich unbedingt mit der Psychologie von Entscheidungen beschäftigen, denn es gibt interessante Ergebnisse aus der Forschung, die Sie zum Staunen bringen werden.

Entscheidungen, die im Dunklen getroffen werden, sind rationaler

Wenn Sie den Gedanken haben, dass Sie in Ihrem Leben etwas verändern möchten und eher rational als emotional entscheiden möchten, sollten Sie das Licht dimmen. Alison Jing Xu von der Rotman School of Management und Aparna Labroo der Northwestern University glauben herausgefunden zu haben, dass sich durch helles Licht positive und negative Gefühle sowie Empfindungen verstärken. Dementsprechend sollten Sie beispielsweise bei Verhandlungen mit sachlichen Entscheidungen das Licht dimmen und beim Verkauf von emotionalen Sachen, wie beispielsweise Blumen, den Raum hell und freundlich ausleuchten.

Entscheidungen mit einer vollen Blase sind besser

Jetzt lachen Sie nicht! An der niederländischen Universität in Twente haben Wissenschaftler tatsächlich diese Aussage untersucht und sind zu dem Ergebnis gekommen, dass sich die Teilnehmer mit einer vollen Blase eher für langfristige Ziele und Vorteile entschieden haben. Das Ergebnis der Kontrollgruppe ist ebenfalls verblüffend. Wenn diese Teilnehmer die Gedanken mit Begrifflichkeiten zum Wasserlassen in Verbindung gebracht haben, stellte sich eine ähnliche Entscheidung ein. Fachleute bezeichnen das als Harndrang-Effekt, der durchaus eine rationale Begründung hat. Sobald ein Mensch einen bestimmten Impuls kontrollieren kann, hat er die Möglichkeit, auch andere Impulse zu kontrollieren.

Stress verursacht gefährliche Entscheidungen

Wenn Sie als Manager in einem Unternehmen arbeiten, sollten Sie sich dessen bewusst sein. Sie haben jeden Tag großen Druck und stehen permanent unter Strom.

Das führt schnell zu riskanten Entscheidungen, ohne über weitere Alternativen nachzudenken. Durch den Stress entsteht eine rationale Distanz zu langfristigen Konsequenzen, die sich zwangsläufig aus der Entscheidung ergeben. Sie gehen lieber in den Angriffs-Modus und verlieren die sonst vorhandene Gelassenheit. Wenn Sie sich solchem Druck von außen entziehen, können Sie Situationen besser reflektieren und eine gesündere Wahl treffen.

Fast immer wird die erste Option gewählt

Stehen Ihnen mehrere Alternativen für eine Entscheidung zur Verfügung, nutzen Sie in der Regel garantiert die erste, ganz gleich, ob es sich um Geschäftsstrategien, Konsumgüter oder Veränderungen in Ihrem Leben handelt, um mehr Gelassenheit zu erlangen. Weshalb ist das so? Die Erklärung ist ganz einfach: Sie entscheiden sich beispielsweise für das erste Jobangebot, weil dieses das Angebot für Ihren Traumjob ist, ohne darüber nachzudenken, welche Vorteile Ihnen die anderen Angebote bringen könnten. In Ihrer Liste haben Sie von Anfang an den Traumberuf auf Platz eins gesetzt und damit diesen priorisiert. Somit nehmen Sie gleichzeitig eine Konditionierung vor, die Sie verinnerlichen. Sie entscheiden nach dem Motto: „Das Erste ist das Beste“ und bleiben diesem Muster Ihr Leben lang treu.

Darum wird sich auch fast immer für Bekanntes entschieden und nicht über den Tellerrand hinausgeschaut.

Wer keine Entscheidung fällt, braucht keine Alternativen

In der Fachsprache wird das als Decoy-Effekt bezeichnet. Entdeckt wurde er vom amerikanischen Marketingprofessor Joel Huber. Dafür befragte er 1982 unterschiedliche Personen darüber, ob sie lieber ein entferntes Fünf-Sterne-Restaurant besuchen würden oder das Drei-Sterne-Restaurant um die Ecke. Da sich die Beschreibung eher vage darstellte, war es keine leichte Entscheidung. Huber bot den Probanden darum als dritte Alternative ein Vier-Sterne-Restaurant an, das noch weiter entfernt lag als das Fünf-Sterne-Restaurant. Genau betrachtet sind das keine sinnvollen Informationen, denn die Teilnehmer haben kein Wissen darüber, welche Vorzüge jedes einzelne Restaurant zu bieten hat. Erstaunlich ist, dass sich die befragten Personen auf einmal für das Fünf-Sterne-Restaurant entschieden. Was ist passiert? Mit dem Vier-Sterne-Restaurant stellte sich ein Maßstab ein, der einen leichteren Vergleich ermöglichte. Darum ist es so wichtig, dass Sie Ihre Alternativen auch begutachten, wenn Sie Entscheidungen treffen möchten.

Großzügigere Entscheidungen durch gute Laune?

Achtung! Entscheidungen, die aufgrund von guter Laune entstehen, stellen sich oftmals als suboptimal heraus. Das wollen Wissenschaftler der Psychologie Fakultät der Universität in Basel herausgefunden haben. Ihre Untersuchung galt der sogenannten sequenziellen Entscheidung. Im Job und auch im Alltag begegnen Sie immer wieder unterschiedlichen Angeboten, die Sie als angenehm empfinden oder die Ihnen gar nicht gefallen. Ihre Entscheidung steht im engen Zusammenhang mit der Qualität, die Ihnen die Auswahl bereitstellt und nicht damit, ob auf kurz oder lang gesucht wird.

Suchen Sie zu kurz, verpassen Sie eventuell bessere Angebote. Sind Sie zu lange auf der Suche, verspielen Sie gute Angebote, da andere Menschen schnell zugreifen. Das Forschungsteam aus Basel hat sich daraufhin damit beschäftigt, welchen Einfluss die Stimmung auf Entscheidungen hat. Das Untersuchungsergebnis zeigt, dass gut gelaunte Teilnehmer schneller ein Angebot akzeptieren. Von diesem Effekt sind erstaunlicherweise eher ältere Menschen betroffen. In Ihrem Leben müssen Sie immer wieder Entscheidungen treffen, die eine große Tragweite haben.

Dabei geht es nicht nur um finanziellen Wohlstand, sondern in erster Linie darum, sich selbst etwas Gutes zu tun, Stress abzubauen, Ruhe zu finden und gelassener zu werden. Dabei stoßen Sie auch auf weitere Optionen in Ihren Entscheidungen. Diese widerstreben Ihnen, weil Sie mit einfachen Lösungen die Widersprüchlichkeit der Argumente ganz automatisch reduzieren. Allerdings sollten Sie sich vor Augen halten, dass es durchaus eine gemeinsame Existenz der Optionen geben kann. Sie machen sich beispielsweise Gedanken darüber, ob ein Mensch gut oder böse ist, anstatt zu sagen, dass ein Mensch sowohl gut als auch böse ist. Damit ergibt sich eine Ergänzung der beiden gegensätzlichen Optionen. Das können Sie auf allen persönlichen Ebenen anwenden, wenn Sie sich folgende Fragen stellen:

- Chaos oder Ordnung?
- Kontrolle oder Vertrauen?
- Distanz oder Nähe?

Der Mensch will grundsätzlich das Beste aus beiden Optionen. Damit das funktioniert, muss ein Kompromiss her. Darum kommen Sie nicht drum herum, eine Lösung zu finden, die beide Ansprüche zufriedenstellt. Folgende Vorgehensweisen helfen Ihnen dabei:

- Hören Sie endlich mit dem Entweder-Oder-Denken auf. Verbinden Sie die beiden Teile zu einem großen Ganzen. Sie müssen die eine Sache dafür nicht aufgeben, wenn Sie für die Verbindung den richtigen Weg finden.

- Schauen Sie nach der Gewichtung und finden Sie heraus, was wirklich wichtig ist. Die Wichtigkeit steht im engen Zusammenhang mit Ihrer jeweiligen, veränderbaren Situation. Also finden Sie die richtige Mischung heraus, die Sie als äußerst angenehm empfinden. Bedürfnisse wie Freiheit und Sicherheit lassen sich unter einen Hut bringen, wenn die Ausrichtung mal zur einen und mal zur anderen Seite tendiert.

- Hören Sie auf, nach dem richtigen Weg zu suchen. Was bedeutet denn richtig und falsch? Beide wollen Ihnen doch nur weiß machen, dass es nur einen wahren, richtigen Weg für Ihre Entscheidung gibt. In den meisten Situationen, ist das nicht zutreffend, da Sie immer eine Wahl haben. Darum bedeutet richtig, dass es für SIE richtig ist. Damit lösen Sie sich bei Ihren Entscheidungen für Veränderungen von festgelegten Erwartungen.

Mit diesen drei Klassikern bessere Entscheidungen treffen

Egal, was Sie in Ihrem Leben verändern möchten – eine große Auswahl an Möglichkeiten macht den Entscheidungsprozess umso schwieriger. Für mehr Gelassenheit gehen Sie auf die Suche nach dem Königsweg, dem goldenen Ei, dessen Existenz eher fragwürdig ist. Es wurden viele Methoden entwickelt, um gelassener zu werden und dies auf eine möglichst einfache Weise zu erreichen. Allerdings müssen die Entscheidungen immer moderner und komplizierter ausfallen und dafür werden absonderliche Wege beschritten. Wahre Hilfestellung erhalten Sie allerdings von den klassischen Methoden, die Ihnen dabei helfen, den richtigen, passenden Weg zu finden.

Pro-Contra-Liste

Sie ist einfach und schnell erstellt und äußerst effektiv. Vor allem, wenn nur zwei Optionen zur Auswahl stehen. Schreiben Sie in die eine Spalte die Argumente, die dafürsprechen und gegenüber, die Argumente, die dagegensprechen. So erhalten Sie eine Gegenüberstellung, nach der Sie eine Entscheidung treffen können.

Ihre Entscheidung wird für Sie perfekt, wenn Sie die Anzahl der jeweiligen Argumente außenvorlassen und nur die Qualität betrachten. Beispielsweise können drei sehr gute Argumente auf der Pro Seite mehr Gewicht haben, als fünf weniger gute Vorteile.

Die Entscheidungsmatrix

Damit Sie über die vielen Entscheidungsmöglichkeiten den Überblick behalten, kann eine Entscheidungsmatrix ideal sein. Sie ähnelt der Pro-Contra-Liste. In einer gut überschaubaren Liste werden alle Optionen eingetragen und zusätzlich wichtige Faktoren vermerkt, die Sie berücksichtigen müssen und wollen. Anschließend wird jedem Kriterium und jeder Alternative ein Wert in Form von Punkten zugeteilt. Damit schaffen Sie einen sehr guten Überblick und finden schnell die Faktoren heraus, die am besten passen und solche, die im Gesamtergebnis einen guten Durchschnitt ergeben. Heben Sie die wichtigsten Faktoren hervor, indem Sie dort die Punktzahl verdoppeln. Damit haben diese eine größere Auswirkung auf das Endergebnis.

Der Entscheidungsbaum

Einen Entscheidungsbaum können Sie mit einem Turnier vergleichen. Die unterschiedlichen Alternativen treten dabei gegeneinander an.

Um zwischen den unterschiedlichen Möglichkeiten eine endgültige Entscheidung zu treffen, gehen Sie Schritt für Schritt vor und wägen die Optionen gegeneinander ab. Dabei werden immer zwei ausgewählt. Die Option, die sich besser darstellt, kommt eine Runde weiter und die schlechtere scheidet aus. So kommen Sie nach und nach Ihrem Ziel näher, da immer wieder Alternativen aussortiert werden. Zum Schluss hat sich eine Option gegenüber all den anderen durchgesetzt.

Wie Sie sehen, fällt es nicht schwer, sich für den richtigen Weg zu entscheiden, um mehr Gelassenheit und Zufriedenheit zu erlangen. Sie müssen einfach nur endlich damit anfangen, Dinge in Ihrem Leben genauer zu betrachten.

Lebenskunst – endlich glücklich leben lernen

Die Lebenskunst ist schon seit der Antike ein großes Thema. Bereits damals, genauso wie heute, wurde sich immer wieder mit der Frage beschäftigt, wie man das Leben so lebt, dass es stimmig ist und passt. Gibt es dafür überhaupt feste Richtlinien oder sind Sie selbst maßgeblich dafür verantwortlich, dass Sie glücklich, zufrieden und entspannt Ihr Leben genießen können? Es gibt so viele Zwänge, die die eigene Freiheit beschneiden. Müssen Sie sich diesen überhaupt anpassen? Welche Bedeutung hat eigentlich Lebenskunst?

Lebenskunst definiert sich folgendermaßen:

Der Begriff stammt aus der Philosophie. Es geht dabei um die Bewältigung des Daseins eines jeden Individuums. Bewältigung des Daseins hat allerdings einen unangenehmen Beigeschmack. Viel schöner klingen da Art of Living, Savoir-Vivre oder Ars Vivendi, wie Engländer, Franzosen und Italiener die Lebenskunst bezeichnen. Lebenskunst bedeutet nichts anderes, als das Wissen darüber zu haben, wie Sie leben könnten. Allerdings ist die Übersetzung eher etwas holprig.

Künstler wie beispielsweise Goethe und Thomas Mann haben sich immer wieder daran versucht, das Leben als Kunstwerk zu inszenieren.

Der Hauptbestandteile sind grundsätzlich die eigenen Mittel, die Ihnen zur Verfügung stehen, um das Leben selbst in die Hand zu nehmen. Lebenskunst wird immer wieder im positiven Sinne mit Lebensart gleichgesetzt. Savoir-Vivre bringt genau diesen Gedanken als Lebensgenuss zum Vorschein. Scheinbar beruht die Wahl der Worte darauf, dass die Franzosen gerne genießen und die angenehmen Seiten des Genusses mit Lebenskunst verbinden.

Zitat:

„Die wahre Lebenskunst besteht

darin, im Alltäglichen das

Wunderbare zu entdecken."

Pearl S. Buck

Ist Lebenskunst gleich Glück?

Das Leben ist einfach wundervoll! Diese Meinung trifft vielfach auf Unverständnis und schürt immer wieder heftige Diskussionen. Denn landläufig setzen Menschen Lebenskunst mit dem süßen Nichtstun gleich, was in der heutigen Gesellschaft eher Mangelware ist. Menschen werden von Leistungsdruck und Verpflichtungen getrieben.

Es gibt gesellschaftliche Zwänge, Werte und Statussymbole, die im Leben zu einer Hetzjagd mutieren, weil die Devise heute nur noch „schneller, höher, weiter“ ist. Es beginnt die Jagd nach dem vermeintlichen Glück. Doch die Medaille hat auch eine zweite Seite, das Unglücklich sein.

Das Streben nach Müßiggang, Gelassenheit und Glück brauchen eine Triebfeder. Diese ergibt sich aus Unglücklich sein. Es entstehen negative Gefühle, die mit einer großen Belastung einhergehen. Und genau diese Belastung sorgt dafür, dass sich Menschen endlich darum kümmern, etwas zu verändern und sich nicht dem „Schicksal“ hinzugeben. Durch Unglücklich sein werden sie endlich kreativ!

Sie wollen dafür einen Beweis? Bitteschön! Ein gutes Beispiel dafür sind große Erfinder und Künstler. Sie haben große Leistungen und Erfolge nicht aus Zufriedenheit und Glücklich sein auf die Beine gestellt. Schauen Sie sich mal die unglaublichen Bilder von Vincent van Gogh an, der unter Depressionen gelitten hat. Seine Bilder haben ein besonderes Strahlen und eine einzigartige Schönheit. Hinter der Ausdruckskraft stehen die Selbsterkenntnis und der große Wunsch, etwas verändern zu wollen und zu müssen.

Ist der Wunsch auf Veränderung groß genug, animiert er Menschen dazu, Höchstleistungen zu erbringen, um das Ziel zu erreichen. Es stellt sich das Begreifen ein, dass Leben und Existenz zweierlei sind. Sobald die beiden Begriffe in umgekehrter Reihenfolge verwendet werden, zeigt sich, dass Existenz nichts über die Qualität des Lebens aussagt. Mit dem Satz „vor sich hinleben" wird deutlich, dass das Leben mitunter trostlos ist und den Menschen in keinster Weise ausfüllt. Aus der eigentlichen Lebenskunst wird die Kunst des Überlebens. Sie werden von Zwängen dominiert. Sie gehen Ihrem Job nach, um die Miete bezahlen zu können, haben vielleicht eine Familie, einen Kredit und ein Auto, wovon Sie in die Pflicht genommen werden. Da klingt Freiheit und Gelassenheit doch sehr verlockend:

- nicht mehr jeden Tag, immer wieder auf ein Neues derselben Arbeit nachgehen zu müssen

- selbst die Entscheidung darüber treffen, was zu erledigen ist

- selbst Prioritäten setzen und dem Leben mit Gelassenheit entgegentreten.

Endlich dieses Hamsterrad verlassen! Bedeutet Freiheit, dass Sie sofort den Job hinschmeißen, sämtliche soziale Kontakte abbrechen, die Wohnung kündigen und auf einer Bank im Park schlafen? Nein! Das ist eher ein überspitztes Beispiel und soll Ihnen deutlich machen, dass etliche der sogenannten Sachzwänge auf Ihrer eigenen Entscheidung beruhen. Sie wollen den Arbeitsplatz nicht kündigen, Freunden und Familie den Rücken kehren und sich keine Parkbank zum Übernachten suchen. Sie wollen auch nicht, dass Sie sich jeden Tag die Frage stellen müssen, wovon Sie sich etwas zu essen kaufen oder leben sollen.

Die wenigsten Menschen gehören zu den Millionären. Und diese arbeiten auch. Es werden Tauschgeschäfte eingegangen, nämlich Arbeit gegen Geld. Gehen Sie einmal in sich, horchen Sie genau hin und versuchen Sie herauszufinden, was Ihnen im Leben wichtig ist. Das müssen Sie herauskristallisieren! Wenn Ihnen bewusst wird, dass Sie die wichtigen Dinge im Leben vernachlässigt haben, wird sich Unglücklich sein einstellen. Also warten Sie nicht länger. Je früher Sie für sich selbst Klarheit darüber bekommen, welche Dinge Ihnen im Leben wichtig sind, desto besser! Lebenszeit können Sie sich mit allem Geld der Welt nicht kaufen, genauso wie Freundschaft und Liebe.

Sobald Sie beginnen, sich mit Lebenskunst zu beschäftigen, setzen Sie sich ganz automatisch mit dem wahren Sinn des Lebens auseinander. Zwangsläufig tauchen dabei unterschiedliche Fragen auf:

- Wer sind Sie?
- Wie wollen Sie gerne sein?
- Welche Stärken haben Sie?
- Welche tiefsten Überzeugungen vertreten Sie?
- Wie erlangen Sie wirklich Gelassenheit und Zufriedenheit?
- Wie sehen Ihre Ziele aus?
- Was haben Sie bisher schon geschafft?

Wenn Sie sich diese Fragen stellen und herausfinden, dass Sie beispielsweise mit Ihrem Job total unzufrieden sind und diesen als sinnlos erachten, sollten Sie sich einen Job suchen, der Sie ausfüllt und glücklich macht. Vielleicht begründet sich Ihr Unglücklich sein auf andere Dinge. Sie lieben Ihre Arbeit und Ihr Leben, stellen aber fest, dass Sie viel zu wenig Zeit für Familie und Freunde haben. Vielleicht, ist eine bewusstere Planung und ein durchdachtes Zeitmanagement nötig, um die Kunst des Lebens mehr zu genießen, bewusst dem stressigen Alltag den Rücken kehren, entspannen und Dinge gelassener angehen.

Das ist das neue Motto! Dieser Weg kann bedeuten, dass Sie sich von einer steilen, beruflichen Karriere verabschieden müssen. Egal, was Sie machen – Lebenskunst heißt, den richtigen Weg und Rhythmus zu finden und Zwängen sowie Druck gelassener entgegenzutreten. Weder die Gesellschaft noch andere Menschen haben das allumfassende Wissen über Ihr Leben und wie Sie es gestalten möchten.

Mindfulness – bessere Wahrnehmung und weniger Stress

Gedanken und Gefühlen begegnen Sie überall, nicht nur im Hier und Jetzt. Es wird darüber nachgedacht, was Sie heute noch alles erledigen müssen, welche Probleme auf Sie zukommen könnten und was von Ihnen erwartet wird. Mitunter schaffen Sie es nicht, einen klaren Gedanken zustande zu bringen. Sie schweifen ab, beschäftigen sich gedanklich mit unwichtigen Dingen und können sich nicht auf das Wesentliche konzentrieren. Und schon ist Ihre Gelassenheit dahin.

Eine gute Möglichkeit, dem entgegenzuwirken, soll Mindfulness sein, womit Sie Ihre Gedanken wieder auf die aktuelle Situation lenken können. Bei dem Versuch werden Sie schnell feststellen, dass das gar nicht so einfach ist. Denn Sie haben es sich zur Gewohnheit gemacht, den Fokus Ihrer Gedanken nicht auf den Moment zu legen, sondern abschweifen zu lassen. Was bedeutet Mindfulness und welchen Einfluss hat das auf die Gelassenheit?

Die Definition von Mindfulness

Dahinter steckt eine sehr simple Idee mit dem Kerngedanken, die Konzentration auf die eigenen Sinneseindrücke zu legen und diese bewusst wahrzunehmen. Damit erlangen Sie Kenntnis über die Geschehnisse um Sie herum und wie Sie auf die Ereignisse reagieren. Im ersten Moment mögen Sie sich jetzt die Frage stellen, wodurch Wahrnehmung denn sonst erfolgen sollte, wenn nicht durch die eigenen Sinne. Grundsätzlich ist das richtig! Es ist aber nicht das, was mit Mindfulness gemeint ist.

In der Regel haben Menschen keine bewusste Wahrnehmung. Die meisten Reize werden übergangen und nur ein Bruchteil davon finden wirklich Beachtung. Einfacher ausgedrückt: Es wird zwar gehört und gesehen, aber es wird nicht wirklich gesehen, gehört und gerochen. Wenn Sie im Zug sitzen, den morgendlichen Kaffee trinken oder durch eine Stadt laufen, sind alle Ihre Sinne überaus aktiv. Allerdings nehmen Sie kaum wahr, was um Sie herum alles geschieht. Um das zu verändern, kommt Mindfulness zum Einsatz. Anstatt in Ihrer Gedankenwelt anderswo unterwegs zu sein und Ihre Wahrnehmung nur nebenher laufen zu lassen, werden die eigenen Sinne ganz bewusst auf eine aktuelle Situation fokussiert, der Sie gerade begegnen.

Fällt Ihnen etwas auf? Es besteht eine enge Verbindung zwischen Mindfulness und Achtsamkeit! Denn der Fokus liegt auf dem Akzeptieren der aktuellen Wahrnehmung der Sinne, Gefühle sowie Gedanken und einer wertfreien Inaugenscheinnahme.

Mindfulness lernen – ein guter Ansatz für mehr Gelassenheit

So einfach ist Mindfulness leider nicht zu lernen, auch wenn es den Anschein hat. Auch wenn jeder grundsätzlich in der Lage ist, die Sinne auf den Moment, die aktuelle Situation zu lenken, gibt es eine Kehrseite. Denn es wirklich zu schaffen und in das Leben aufzunehmen, sieht ganz anders aus. Es gibt zwei Probleme, die dem Erreichen dieses Zieles im Wege stehen.

Da gibt es die eigenen Gewohnheiten, die sich seit vielen Jahren in Ihrer Denk- und Handlungsweise etabliert haben. Wenn Sie ehrlich sind, haben Sie sich noch nie näher mit sich beschäftigt und auf aktuelle Situationen geachtet. Sie trainieren vielmehr in die andere Richtung als in die, die Mindfulness vorgibt.

Sie glauben vielmehr, dass Sie vorausdenken und gut planen, weil Sie in Gedanken mögliche Wege durchspielen. Gedanklich kümmern Sie sich um eine Vielzahl von Dingen gleichzeitig.

Die ständige Überflutung von Reizen ist das zweite Problem, das Mindfulness im Wege steht. Ihr Gehirn versucht ganz automatisch, die vielen Sinneseindrücke aufzunehmen und nach wirklich wichtig und unwichtig zu filtern.

Ein kleines Beispiel: Sie sind auf eine Party eingeladen. Trotz der vielen unterschiedlichen Quellen von Geräuschen, Sprachen und Sätzen kann Ihr Gehör Dinge herausfiltern, die Sie hören wollen.

Das kann das Gespräch mit einer anderen Person sein, die Ihnen gerade gegenübersteht. Alles andere wird dabei einfach ausgeblendet und nur noch dunkel wahrgenommen. Mindfulness bietet Ihnen verschiedene Vorteile. Denn es geht nicht nur darum, ein größeres Bewusstsein für die eigene Umwelt zu erlangen. Vielmehr lenken Sie die Konzentration Ihrer Sinne auf die eigene Wahrnehmung. Damit erzielen Sie gleich mehrere Vorteile:

- Sie **verringern Stress**, weil Sie eine bewusste Wahrnehmung darüber haben, was gerade um Sie herum passiert. Damit gelingt Ihnen das Entschleunigen und es stellt sich ein geringeres Stressempfinden ein.

- Sie **verbessern Ihre Beziehungen**, weil Sie in der Lage sind, dem Gesprächspartner wirklich zuzuhören, nehmen Mimik und Körpersprache wahr und können darauf reagieren. Dadurch wirkt sich Mindfulness positiv auf Beziehungen zu anderen Menschen aus.

- Ihre **Sorgen und Ängste werden geringer**, weil Sie sich weniger Gedanken über mögliche Probleme und Herausforderungen machen. Mit Mindfulness stoppen Sie Gedanken und erlangen eine gewisse Gelassenheit.

Um Mindfulness für sich selbst nutzen können, müssen Sie folgende vier Übungen ausführen. Vermutlich gelingt es Ihnen nicht sofort, aufmerksamer und achtsamer darüber zu werden, was um Sie herum passiert und sofort unwichtige Dinge herauszufiltern. Üben Sie das! Meister fallen nicht vom Himmel!

Und mit den Übungen schaffen Sie es, die Wahrnehmung auf den Moment zu legen.

- **Starten Sie mit viel Zeit:** Für das Training sollten Sie von vorneherein genug Zeit einplanen. Starten Sie gerade am Anfang mit fünf oder zehn Minuten, die Sie sich in Ihrer Freizeit für Mindfulness nehmen. In diesen Minuten fokussieren Sie die Gedanken darauf, die Wahrnehmung zu steuern und zu kontrollieren. Am besten gelingt Ihnen das an Orten, wo Sie ungestört sind. Sie erleichtern sich damit den Einstieg. Ziehen Sie sich beispielsweise in Ihr heimisches Arbeitszimmer zurück, schließen Sie die Türe und sorgen Sie für Ruhe. Achten Sie auf eine Umgebung ohne Ablenkung und konzentrieren Sie sich genau auf den jetzigen Moment.

- Gehen Sie in Gedanken Ihre **einzelnen Sinne** durch. Sehen, hören, schmecken, riechen und fühlen, das sind Ihre fünf Sinne, auf die Sie sich jetzt nacheinander konzentrieren und die Sie ganz bewusst wahrnehmen sollten. Starten Sie beispielsweise mit der bewussten Wahrnehmung darüber, was Sie gerade sehen.

Sie dürfen dabei auch ruhig ein wenig abstrakt denken und nicht nur den Gegenstand, sondern auch Farbe und Form auf sich wirken lassen. Schließen Sie die Augen und hören Sie genau auf alle Geräusche und nehmen Sie diese genauso bewusst wahr. Anschließend machen Sie mit riechen, fühlen und schmecken weiter. Riechen Sie einen besonderen Duft, ein besonderes Aroma, das Blumen in Ihrer unmittelbaren Umgebung verströmen? Fühlen Sie den sanften Windzug, der durch das gekippte Fenster ins Zimmer weht?

- Neben Ihren Sinnen sollten Sie sich auch auf Ihre **Gefühle und Gedanken** konzentrieren. Was empfinden Sie in Verbindung mit Ihrer Sinneswahrnehmung? Welche Gefühle tauchen gerade jetzt auf? In welcher Verbindung stehen Sie zu der Sinneswahrnehmung? Damit horchen Sie in sich hinein und lernen, die eigenen Prioritäten besser zu erkennen und zu verstehen. Sie finden heraus, was Sie jetzt wirklich beschäftigt. Damit Wissen Sie, worauf Sie Ihre Energie konzentrieren sollten. Schauen Sie nach Zusammenhängen und versuchen Sie, diese richtig einzuordnen. Finden Sie heraus, welche Gedanken Einfluss auf welche Gefühle haben. Was bereitet Ihnen Sorgen und schürt Ihre Angst? Welche Dinge stehen in Verbindung mit Positivem und Freude?

- **Nutzen Sie die Meditation**. Sie kann durchaus zielführend sein. Denn es geht dabei nicht um das Erreichen einer höheren Bewusstseinsebene oder um Esoterik. Vielmehr ist sie dafür gedacht, um Ihre Umgebung bewusster zu spüren sowie wahrzunehmen und gleichzeitig einen tiefen Blick in Ihr Inneres zu bekommen und gelassener zu werden.

Es gibt unterschiedliche Methoden, um mehr Gelassenheit, Ruhe und große innere Zufriedenheit zu erlangen. Denken Sie nicht darüber nach, sondern verdeutlichen Sie sich Ihr gewünschtes Ziel.

Angelika Hornig

Ich liebe ~~d~~... mich

Buch 2

Ein Buch über Selbstliebe *- Wie Sie Ihre Bedürfnisse erkennen, Gefühle verstehen, Probleme bewältigen & Empathie aufbauen für mehr Bewusstsein & Wertschätzung zur eigenen Person*

Selbstliebe und Selbstwertschätzung – Der Schlüssel zu einer positiven Beziehung zur eigenen Person

Sich selbst wertlos fühlen, sich nichts zutrauen, fehlende Eigenakzeptanz und Liebe zu sich selbst beruhen vielfach darauf, dass wir uns selbst nicht wertschätzen und es nicht gelernt haben, eine positive Beziehung zu unserer Person aufzubauen. Weil es an Selbstwertschätzung fehlt, werden falsche Entscheidungen getroffen, es wird falsch gehandelt und es entstehen innere Konflikte, die einen unüberwindbaren Graben darstellen. Entscheidungen haben keinen Nutzen und führen nur in die Leere. In der Denk- und Handlungsweise hat sich manifestiert, dass Sie sich selbst und allen anderen immer etwas beweisen müssen.

Das ist mit großen Anstrengungen verbunden und verbraucht unendlich viel Energie, die an anderer Stelle viel sinnvoller eingesetzt werden könnte, z. B. wenn Sie die größte Herausforderung in Ihrem Leben annehmen würden. **Seien Sie selbst Ihr bester Freund**. Leider haben viele Menschen das bereits in der Kindheit verlernt und das Herz verschlossen. Doch nur wer Selbstliebe empfindet, kann auch das Leben lieben und in vollen Zügen genießen.

Sobald es einem Menschen gut geht, ist er in der Lage, alle Gefühle und Emotionen anzunehmen. Gutes und Positives hält Einzug in das private und berufliche Leben. Liebe bedeutet eigentlich nichts anderes als Respekt, Annahme, Akzeptanz, Zuwendung und Wissen. Es ist unwichtig, ob damit die Liebe in einer zwischenmenschlichen Beziehung oder die Liebe zu sich selbst gemeint ist. Wer nicht lieben kann, hat ein Defizit an Wertschätzung und Respekt gegenüber sich selbst und gegenüber anderen Menschen.

Sie haben schon lange den Blick dafür verloren, dass Sie ein wertvoller Mensch sind, weil Sie Gefühle und Emotionen falsch einschätzen und einsortieren. Sie stellen alles infrage, weil Sie nicht mehr sehen, wer Sie sind und was Sie wirklich wollen. Es werden Lösungen gesucht, um in das Klischee denken zu passen und Sie stellen sich selbst sowie Ihre eigenen Bedürfnisse hinten an. Sie entwickeln den Glauben, dass Sie so sein müssen, wie eine andere Person, die immer stark ist und genau weiß, wohin der Weg führt. Augenscheinlich scheint das der richtige Weg für mehr Selbsteinschätzung und Selbstliebe zu sein.

Sie setzen sich aber damit einem tosenden Orkan aus, der immer mehr an Stärke gewinnt. Der innere Kritiker bekommt eine unbeschreibliche Macht.

Sein Einfluss sorgt dafür, dass Sie Ihre Gedanken, Gefühle und Handlungen in einem falschen Licht sehen und verhindert, dass Sie zu Selbstliebe fähig sind. Selbstliebe ist der Schlüssel zu einem erfolgreichen, glücklichen Leben. Ergreifen Sie die vielen Möglichkeiten, die Ihnen das Leben bietet und beginnen Sie damit, sich endlich selbst zu lieben.

Zitat:

„Sich selbst zu lieben ist der Beginn einer lebenslangen Romanze."

Oskar Wilde

Selbstliebe und spannende Erkenntnisse

Sich selbst zu lieben bedeutet auch, Eigenliebe zu entwickeln, sich selbst allumfassend anzunehmen und sich selbst uneingeschränkt alle Liebe entgegenzubringen. Für diese Liebe wird Selbstachtung, Selbstwertschätzung, Selbstvertrauen, Akzeptanz und die Annahme der eigenen Person benötigt. Erich Fromm ist der Meinung, dass Sie nur Menschen wirklich lieben können, wenn Sie sich selbst lieben. Die „psychodynamische imaginative Traumatherapie" nach Luise Reddermann hat als Grundlage, dass Selbstliebe der Dreh- und Angelpunkt zu einer guten Beziehung zu anderen Menschen und der Welt ist.

Es gibt eine enge Verbindung zwischen Selbstliebe und Selbstwertgefühl. Sie sind die wichtige Basis für das Selbstbild und den wertschätzenden Umgang mit Menschen in Ihrem Umfeld. Der Umgang mit den Mitmenschen erhält eine wesentliche Prägung durch die Selbstliebe. Ebenso ist Selbstwertschätzung ein wichtiger Baustein für Ihre Sozialkontakte, da Sie damit Vertrauen in Ihre eigenen Fähigkeiten erhalten. Sie wissen, wie Sie das eigene Leben gestalten, sich Herausforderungen stellen und Ziele verfolgen.

Die ganzen positiven Faktoren bringen Sie zu mehr Selbstachtung, Selbsterkenntnis und pflastern den Weg des Lebens, der mit Glück und Erfolg bestückt ist. Selbstliebe hat aber auch einen bösen Zwilling. Seine Darstellung erfolgt in abgrenzendem Narzissmus und Überheblichkeit. Narzissten sind Selbstdarsteller, Wichtigtuer, selbstsüchtig und egozentrisch. Ein solches Verhalten ist Zeugnis von fehlender Selbstliebe und Minderwertigkeitsgefühlen. Erich Fromm hat es in klare Worte gefasst. Diese besagen, dass selbstsüchtige Menschen weder sich selbst noch andere lieben können.

Damit wird deutlich, dass es zwischen Selbstliebe und Narzissmus große Unterschiede gibt. Narzissmus ist Selbstsucht und überhebliche Selbstverliebtheit. Im Gegensatz dazu, ist Selbstliebe gleichzusetzen mit Selbstannahme sowie dem Einsehen von Fehlern und Schwächen, die immerhin so oder so zur eigenen Persönlichkeit gehören. Selbstverliebtheit bei einem Narzissten beruht auf einem idealisierten Bild, das niemals erreicht werden kann. Diese übertriebene Größendarstellung ist immer wieder auf neue Bestätigungen angewiesen und braucht Bewunderung.

Das äußere selbstverliebte Bild ist der Deckmantel, der sich über die Schwächen legt und Leistungen sowie Vorzüge hervorhebt. Eine gesunde Selbstliebe ist nichts Verwerfliches, sondern genau der richtige Maßstab, um Selbstwertgefühl und Selbstwertschätzung auszubauen, während Narzissmus krankhafte Züge hat und den Weg dafür boykottiert, sich selbst zu lieben.

Auf Spurensuche gehen – was bedeutet für Sie Selbstliebe?

Das ist die große Frage, die ganz am Anfang steht. Mit den spannenden Erkenntnissen wissen Sie nun, was Selbstliebe bedeutet und was sie nicht ist. Doch wie sieht es in Ihrem Inneren, im Herzen aus? Auch wenn Sie der Annahme sind, dass Sie sich selbst lieben, versteckt sich dort garantiert noch viel ungenutztes Potenzial, um das Wohlbefinden noch mehr zu verbessern, sich selbst noch mehr zu lieben, Beziehungen neu zu gestalten und ein noch glücklicheres Leben zu führen. Selbstliebe macht sich immer daran fest, welche Bedeutung das Gefühl für Sie selbst hat.

Indem Sie dieses Gefühl und die damit verbundenen Emotionen definieren, begeben Sie sich auf die nächste Stufe der Persönlichkeitsentwicklung. Denn anhand der Beschreibung, was Selbstliebe bedeutet, können Sie eine Liste anfertigen und genau schauen, wie es um Selbstwertschätzung, Selbstvertrauen, innere Stärke, Akzeptanz und Selbstachtung bestellt ist.

Bei der Inaugenscheinnahme sollten Sie einmal betrachten, wie Ihre Beziehung zu Ihnen selbst und zu Ihren Mitmenschen aussieht. Es gibt garantiert Menschen in Ihrem Leben, denen Sie sich näher fühlen oder zu denen große Distanziertheit herrscht. Dabei wird Ihnen auffallen, dass Sie jeden Tag immer wieder auf die Suche nach sich selbst gehen, um sich aufs Neue zu finden und zu transformieren. Mit anderen Personen gibt es Meinungsverschiedenheiten, Zwiespalt und Streit, wo die Selbstliebe und die Liebe zu anderen Personen kaum noch Gültigkeit haben. Die Kehrseite ist das Mitgefühl. Sie gehen auf die andere Person zu, zeigen Verständnis, wünschen eine Aussprache und zeigen gleichzeitig nicht zu überschreitende Grenzen auf.

All diese Dinge sind nicht nur wichtig im Umgang mit anderen Menschen, sondern auch in der Beziehung zu Ihnen selbst. Daraus entsteht eine interessante Dynamik, mit der sich die Beziehung zu sich selbst beeinflussen und verändern lässt. Harmonie ist keine Messlatte für Selbstliebe und eine gute Beziehung. Es gibt auch Streit, Auseinandersetzungen und Disharmonie in dieser einzigartigen Ich-Beziehung.

Damit eröffnen sich Ihnen neue Wege für die Weiterentwicklung, womit Sie Selbstwertschätzung, Selbstwertgefühl, Selbstvertrauen, Selbstliebe und Selbstachtung aufbauen. Durch Disharmonie stellen sich neue Selbsterkenntnisse ein. Diese sind der Anlass dafür, dass Sie sich trauen, ans Eingemachte zu gehen und Ursachenforschung darüber zu betreiben, warum es an Selbstliebe fehlt. Sie sind bereit für Veränderungen und nutzen die Möglichkeiten, die sich Ihnen eröffnen. Haben Sie Ihre eigene Bedeutung von Selbstliebe herausgefunden, dann sollten Sie jetzt eine Bestandsaufnahme machen und sich fragen, wen Sie lieben wollen. Richtig lautet die Frage: Wie sehen Sie sich selbst und was gehört zu Ihnen?

Die Frage klingt im ersten Moment sehr abstrakt, ist aber ein ganz wichtiger Bestandteil. Denn damit kommt Ihnen die Erkenntnis, dass Sie sich nur selbst lieben können, wenn Sie wissen, wer Sie sind. Dazu gehören gute und schlechte Eigenschaften genauso wie Fehler und Schwächen. Die Gefahr ist groß, dass Sie nur die guten Seiten und Stärken explizit unter die Lupe nehmen.

Es sind die guten Dinge, die Sie lieben. Schlechte Eigenschaften und Schwächen haben einen bitteren Beigeschmack. Sollten Sie im Verborgenen bleiben und nicht an die Oberfläche gelangen? Eigenschaften wie Faulheit, alles besser wissen zu wollen, Feindseligkeit und ein chaotisches Benehmen gehören aber genauso zu Ihnen. Diese Eigenschaften dürfen nicht aussortiert werden, wenn Sie mehr Selbstliebe erlangen oder lernen wollen. Sie stellen die Gesamtheit Ihrer Persönlichkeit dar. Selbstreflexion ist kein einfaches Thema, weil es um die eigene Person geht. Sie müssen sich selbst den Spiegel vorhalten und damit anfangen, ehrlich zu sich selbst zu sein. Sie sind ein Mensch mit vielen facettenreichen Eigenschaften, die Sie sich immer wieder ins Gedächtnis rufen sollten.

Selbstverständnis und Eigenakzeptanz

Durch die Selbstreflexion haben Sie die vielen Facetten Ihrer Persönlichkeit identifiziert, genauer betrachtet, einsortiert und zusammengefügt. Das entstehende Bild nehmen Sie vielleicht sogar ein Stück weit an, weil sich ein neues Selbstverständnis daraus ergibt. Das Kennen der guten und schlechten Facetten ist noch keine Selbstliebe, aber der erste Schritt in die richtige Richtung.

An dieser Stelle kommt ein wichtiger Aspekt ins Spiel. Gemeint ist die Beziehung zu Ihnen selbst und welchen Stellenwert das Auseinandersetzen mit Ihnen selbst dabei einnimmt. Durch die genaue Betrachtung „aller“ Eigenschaften erlangen Sie tiefe Einblicke und Selbsterkenntnis. Sie schärfen Ihr Selbstbewusstsein, erlangen Selbstvertrauen und haben damit an der Weggabelung den richtigen Pfad in Richtung Selbstliebe beschritten. Dabei betrachten Sie Ihre persönlichen Stärken und Schwächen, Eigenschaften und Fähigkeiten ohne Wertung. Schlecht oder gut gibt es nicht, da Sie versuchen, jede einzelne Eigenschaft und Fähigkeit aus verschiedenen Blickwinkeln zu betrachten und zu verstehen.

In einer zwischenmenschlichen Beziehung, beispielsweise zum Partner oder einem Freund, machen Sie es genauso. Warum nutzen Sie diese Beziehungsarbeit nicht auch für den Aufbau einer sehr guten Beziehung zu sich selbst?

Es fällt viel leichter, die Beziehung zu einer anderen Person wertfrei zu betrachten. Das eigene Ego ist dabei nicht vordergründig. Welche Erwartungen verknüpfen Sie mit Ihrem Umfeld? Sie erwarten Wertschätzung, Respekt und Verständnis. Genau das sind die drei Aspekte, unter denen Sie sich selbst einmal genauer betrachten sollten. Stellen Sie sich beispielsweise die folgenden Fragen:

- Warum verfüge ich über diesen ausgeprägten Perfektionismus und was verbirgt sich dahinter?
- Hat es in meinem Leben einen Zeitpunkt gegeben, wo chaotisches Verhalten wirklich sinnvoll war?
- Was ist der Grund für meine kritische und harte Denkweise?
- Bietet mein innerer Kritiker auch gute Aspekte?

Jede Facette der Persönlichkeit hat gute Intentionen, auch wenn diese nicht sofort an die Oberfläche dringen.

Sobald Sie sich damit auseinandersetzen, entsteht eine neue Perspektive. Sie ist der Anstoß, sich selbst zu respektieren, wertzuschätzen und selbst zu lieben. Letztendlich definiert sich der große Wunsch darüber, die unterschiedlichen Facetten wertzuschätzen und anzuerkennen.

Empathie mit sich selbst lernen und in der Praxis umsetzen

Empathie ist die Fähigkeit und Bereitschaft, Empfindungen, Emotionen, Motive, Persönlichkeitsmerkmale und Gedanken anderer Menschen zu erkennen und diese zu verstehen. Verbunden ist damit auch die Fähigkeit, auf die Gefühle anderer Personen angemessen zu reagieren. Daraus erwächst Mitgefühl, Trauer, Hilfsbereitschaft, Mitleid und Schmerz. Diese Reaktionen funktionieren nicht nur gegenüber anderen, sondern auch gegenüber der eigenen Person. Empathie ist der Grundstein für die Selbstwahrnehmung.

Wenn Sie offen für Ihre eigenen Emotionen sind, können Sie diese von Ihren Mitmenschen besser deuten und verstehen.

Die Wissenschaft stellt unterschiedliche Definitionen für Empathie bereit. Paul Ekman beschreibt Empathie als Mitgefühl, nicht als Emotion. Vielmehr ist sie eine Reaktion auf die Gefühle der anderen. Darum unterscheidet Ekman strikt Mitgefühl in emotionale und kognitive Empathie. Mit kognitiver Empathie erkennen Sie die Gefühle der anderen Person und mit emotionaler Empathie stellen sich bei Ihnen die gleichen Gefühle ein wie jene, die das Gegenüber gerade empfindet.

Indem Sie mit jemandem leiden, entsteht der große Wunsch, helfen zu wollen. Eine weitere Definition zur Empathie kommt von Arthur Ciaramicoli, der sie in authentisch und funktional unterscheidet. Seiner Meinung nach verfolgt funktionale Empathie manipulative, ausbeuterische Ziele. Sie reichen bis hin zu Folter, Sadismus und Missbrauch. Bei der Definition von Leonardo Badea werden Sie feststellen, dass er darin die Fähigkeit sieht, in allen Lebenslagen und Bereichen erfolgreich und glücklich zu sein. Menschen mit einer hohen Empathie haben bessere Beziehungen, eine bessere Selbstmotivation, können andere Menschen stärker mitreißen, verfügen über ein großes Vertrauen in sich selbst, bekommen diese auch vom Umfeld entgegengebracht und besitzen eine einzigartige Lernfähigkeit. Empathie wird von den Wissenschaftlern Elizabeth Segal, Lawrence Shaw und Tharrenos Braitsis folgendermaßen unterschieden:

- emotionales Mitgefühl
- soziales Mitgefühl
- kognitives Mitgefühl.

Emotionales Mitgefühl wird auch als emotionale Sensitivität bezeichnet. Sie haben die gleichen Gefühle wie Ihr Gegenüber. Kognitive Empathie ist vergleichbar mit „The Theory of Mind". Sie verstehen nicht nur die Emotionen der anderen Person, sondern sind dazu fähig, Absichten und Gedanken zu erkennen und richtige Schlussfolgerungen daraus abzuleiten. Die soziale Empathie bezieht sich auf das Verständnis von sozialen Situationen. Sie verstehen Werthaltungen und Charaktereigenschaften, die sich durch andere Kulturen einstellen.

Dementsprechend ist soziale Empathie die beste Grundlage für konstruktive Kommunikation. Interessant ist auch die Aussage des US-amerikanischen Psychologen Paul Bloom. Seiner Meinung nach bedeutet:

- **Empathie**, zu fühlen, was andere Menschen fühlen und
- **Mitgefühl**, dass sich um andere gekümmert und für sie gesorgt wird.

Die beiden Aussagen sind wichtig, weil sie auch auf Sie selbst anwendbar sind. Tauschen Sie das Wörtchen „andere“ gegen „ich und mich“ aus. Damit schaffen Sie es, sich selbst mitfühlend zu begegnen. Dieses Selbstmitgefühl ist optimal, wenn es Ihnen einmal nicht gut geht. Geben Sie sich ruhig Ihrem eigenen Mitgefühl hin, anstatt nach außen immer stark und selbstbewusst aufzutreten. In solchen Situationen müssen Sie für sich selbst sorgen. Wenn Sie es schaffen, Mitgefühl zu praktizieren, sind Sie gut zu sich selbst und rüsten sich für Zeiten, wenn es Ihnen einmal nicht gut geht.

Machen Sie sich selbst zu Ihrem besten Freund. Wenn es Ihnen schlecht geht, Sie leiden oder eine schwere Zeit durchleben, weil Sie Dinge erkannt haben, die Ihnen an sich selbst nicht gefallen, können Sie mit sich die Entscheidung treffen, das Selbstwertgefühl auszubauen. Verschließen Sie sich nicht gegenüber Schmerz und Leid, sondern machen Sie Türen und Tore weit auf und setzen

Sie sich mit der Situation auseinander. Finden Sie heraus, wie Sie sich selbst in der harten Zeit Beistand geben und gut zu sich selbst sein können. Schauen Sie genau hin, was Sie jetzt wirklich brauchen. Empathie ist sehr engmaschig mit Selbstliebe verstrickt. Darum ist sie von großer Bedeutung, um Selbstliebe und eine positive Selbstwertschätzung entwickeln zu können.

Entwicklungsprozess: Beginnen Sie Liebe zu sich selbst zu empfinden!

Selbstliebe kommt nicht einfach von selbst, sondern ist ein kontinuierlicher Entwicklungsprozess, bei dem Sie immer wieder ein Stück über sich hinauswachsen und neue Erkenntnisse erlangen. Sie beginnen damit, die Liebe zu anderen Menschen mit der Eigenliebe auf eine Stufe zu stellen. Ob in der Beziehung zu Ihnen selbst oder zu einem anderen Menschen – Sie kommen nicht umhin, immerwährend daran zu arbeiten, um Ausgeglichenheit der Verhältnisse zu schaffen. Täglich warten auf Sie neue Herausforderungen, die Sie zu bewältigen haben. Sie können für eine neue, andere Denkweise sorgen oder die eigene Lebenssituation komplett verändern.

Zum eigenen Lebensweg gehören immer Selbsterkenntnis, Selbstwertgefühl, Selbstwertschätzung, Selbstachtung, Selbstvertrauen und Selbstliebe. Es gibt kein Ziel und kein Endpunkt. Durch die Dynamik der Entwicklung stehen immer neue Veränderungen an. Diese ergeben sich durch neue Erkenntnisse und umgeformte Denkmuster.

Sie stellen althergebrachte Aspekte infrage, die bisher das Leben bestimmt haben. Es kommt immer wieder vor, dass althergebrachte Dinge die neuen Aspekte überlagern und mit aller Macht dagegen arbeiten. Es stellt sich Mitgefühl ein, anstatt darüber nachzudenken. Sie sind aber derjenige, der die eigenen Gedanken in die richtige Richtung lenken und den Weg bestimmen kann, der eingeschlagen wird. Damit stehen Sie hinter Ihren Entscheidungen, erlangen Stärke und können stetig ein positives Selbstwertgefühl sowie Eigenliebe ausbauen.

Nehmen Sie sich die Zeit, um sich mit sich selbst zu verabreden und planen Sie dieses Date in Ihrem Terminkalender ein. An diesem festen Termin stehen Sie im Mittelpunkt, machen Dinge, die gut für Sie sind, die Sie aus vollen Zügen genießen können.

Machen Sie etwas, was Sie schon immer machen wollten oder ziehen Sie sich aus dem Trubel des Alltags zurück. In solchen Momenten haben Sie die Chance, innere Einkehr zu erlangen und Ruhe zu finden. Sie hören Ihre innere Stimme und können die Dreh- und Angelpunkte in Ihrem Leben genau erkennen.

Führen Sie in diesem Moment eine Art Meditation durch und lassen Sie sich auf Gefühle, Emotionen und Gedanken ein, ohne dass eine Bewertung erfolgt. Es zeigen sich Wahrheiten und Realitäten, die es ohne Sie nicht gäbe. Pflegen Sie damit einen sensiblen Umgang und begegnen Sie diesen neuen Wahrheiten mit Akzeptanz. Damit erreichen Sie Selbstliebe trotz aller Stärken und Schwächen.

Sie dürfen Fehler machen. Binden Sie diese allerdings nicht an einen neuen Anspruch. Er wird Sie von dem Weg abbringen, den Sie beschreiten wollen. Damit verlieren Sie nämlich das Ziel aus den Augen, an sich selbst zu arbeiten und Selbstliebe zu empfinden. Es entsteht eine große Antriebskraft, die Sie dazu veranlasst, alles zu machen, um für Sie selbst liebenswert, gut genug und wertvoll zu sein. Selbstliebe ist Ihr neuer Anspruch an Sie selbst.

Nur der Anspruch allein wird aber nicht die gewünschte Veränderung herbeiführen. Es bringt weder mehr Selbstwertgefühl noch mehr Selbstwertschätzung oder Selbstliebe, da Sie sich viel zu sehr mit Teilbereichen und Facetten der eigenen Sichtweise identifizieren. Der weiterreichende Blickwinkel bleibt im Verborgenen.

Entwickeln Sie mehr Aufmerksamkeit, um Überidentifikation zu verhindern. Durch mehr Achtsamkeit erlangen Sie eine mitfühlende, aufmerksame Betrachtungsweise, welche zu mehr Akzeptanz führt. Damit lernen Sie, besser mit sich selbst und mit Ihrem Leben umzugehen.

Zitat:

„Die größte Herausforderung ist die Art,
wie man über sich selbst denkt, zu
ändern."

M. Anelou

Selbsterkenntnis erlangen – Die Frage nach dem „Sein“!

Sie haben bestimmt auch schon folgendes Sprichwort gehört: „Selbsterkenntnis ist der erste Weg zur Besserung!“ Dieser Schritt ist einer der schwierigsten, da es nicht leichtfällt herauszufinden, wer Sie wirklich sind. Sie durchlaufen dabei vielfach einen schmerzhaften Lernprozess, wenn Sie das Selbstbild dem Fremdbild gegenüberstellen. Plötzlich sehen Sie, dass die Eigenwahrnehmung ganz anders aussieht als das Bild, was andere Menschen von Ihnen haben. Dabei kommen nicht nur positive, sondern auch negative Eigenschaften zum Vorschein, die Ihnen weniger gefallen werden. In der Psychologie hat die Selbsterkenntnis einen sehr hohen Stellenwert, da Sie mit diesem neuen Wissen über sich selbst erst in der Lage sind, sich weiterzuentwickeln.

Wenn Sie die „Selbsterkenntnis“ einmal genauer untersuchen, tritt schnell die Erkenntnis ein, dass Sie tiefe Einblicke in sich selbst bekommen. Um das zu bewerkstelligen, brauchen Sie ein objektives Bewusstsein. So können Sie Denk- und Verhaltensweisen reflektieren. Diese Maßnahme sollte möglichst selbstkritisch durchgeführt werden, damit Sie ein Verständnis dafür bekommen, warum

Sie so denken und handeln. Dadurch erlangen Sie Empathie, Beziehungsfähigkeit, Selbstliebe und finden sich im sozialen Leben zurecht. Beleuchten Sie regelmäßig, wer Sie sind, welche Bedürfnisse, Ziele und Stärken Sie haben. Zeigen Sie sich auf, was Ihnen bisher gelungen ist und wie Sie gerne sein möchten.

Sie selbst sein ist gar nicht so einfach, da die Frage, wer Sie eigentlich sind, nur mit einer Beurteilung Ihrer Eigenschaften, Stärken und Schwächen beantwortet werden kann. Es erfordert viel Mut, sich selbst den Spiegel vorzuhalten, ohne Schönfärberei, Schmeicheleien und einer dicken Schicht von Schminke, die alles überdeckt. Damit verfälschen Sie nur das Ergebnis und führen sich nicht die Defizite vor Augen, an denen Sie den Hebel ansetzen können. Der Schleier verwehrt Ihnen den Weg zu mehr Selbstwertgefühl, Selbstachtung, Selbstwertschätzung, Selbstbewusstsein und letztendlich auch zur Selbstliebe.

Um den Enttäuschungen zu entgehen, die sich durch die Selbsterkenntnis garantiert einstellen werden, finden Sie immer gute Argumente, weil Sie mit der Erkenntnis nicht umgehen konnen. Doch überlegen Sie einmal. Die Wahrheiten über Ihre eigene Person, die Sie ausfindig machen, sind doch grundsätzlich positiv zu bewerten.

Sie entlarven damit Fehler, Traumbilder und Illusionen, die das verfälschte Selbstbild ergeben. Es ist der erste und beste Ansatz, um die Denkweise über die eigene Person genauer anzuschauen.

Lassen Sie das schlechte Gefühl außer Acht, dass sich mit dem Erkennen von Fehleinschätzungen und Schwächen einstellt. Die negativen Empfindungen sind nicht falsch. Vielmehr erhalten Sie einen klareren Blick, welcher den Auslöser für Veränderungen der eigenen Sichtweise darstellt. Resignieren Sie nicht, wenn das Selbstbild nicht Ihren Erwartungen entspricht. Ihre Erkenntnisse sind der Schlüssel für Veränderungen und mehr Eigenakzeptanz. Selbsterkenntnis bedeutet immer Loslassen und Trennung, da Sie sich von Ihrem mit Illusionen behafteten Selbstbild trennen und endlich anfangen, hinter die Kulissen zu schauen. Sie werden Aspekte sehen, die Ihnen bisher verborgen geblieben sind.

Die Selbsterkenntnis wird sich problematisch darstellen, da das bisherige Trugbild wie ein Kartenhaus zusammenfällt. Die Zeit ist vorbei, in der Sie sich selbst und anderen etwas vormachen. Sie zeigen Ihre wahre Persönlichkeit, auch wenn diese weit davon entfernt ist, perfekt zu sein.

Sie schlüpfen nicht mehr in Rollen, die eigentlich nicht Ihrem Denken und Handeln entsprechen und machen sich klar, dass Sie anecken sowie auf Ablehnung stoßen werden. Genauso werden Sie Freundschaften erleben, in die sich jede Investition lohnt. Dafür benötigen Sie Kraft und nicht jeder ist bereit, diese dafür aufzubringen.

Setzen Sie sich mit den Problemen auseinander, anstatt den einfacheren Weg zu nutzen. Verdrängen ist keine Option. Durch die genauere Betrachtung von Gefühlen, Emotionen, Gedanken und Handlungsweisen gelangen Sie ganz automatisch an den Punkt, an dem Sie sich mit Ihrer Vergangenheit beschäftigen. Denn ganz automatisch taucht die Frage auf, welche Einflüsse Sie dazu veranlassen, so zu sein, wie Sie sind. Die Ursachenforschung zeigt Ihnen gemachte Fehler in der Beziehung und Schuldempfindungen, die auf Ihre Familienverhältnisse zurückzuführen sind. Manchmal ist professionelle Hilfe notwendig, da die Erkenntnisse und das konstruktive Aufarbeiten kein Urlaub sind. Es wird schmerzhafte und harte Arbeit sein. Denn der Weg zur Selbsterkenntnis trifft Sie ungeschminkt und ohne Beschönigungen. Wer bisher gedacht hat, dass Selbsterkenntnis nicht wichtig ist, weil Sie augenscheinlich mit sich selbst gut klarkommen, leidet unter einer Fehleinschätzung. Selbsterkenntnis ist der bedeutsame Ausgangspunkt für Zufriedenheit, Glück und soziale Kompetenz.

Es gestaltet sich einfach, das Erlernen von Selbsterkenntnis als psychologische Erfindung zu bezeichnen oder als Sinnsprüche aus einem Abreißkalender zu sehen. Wahrhaftig erfahren Sie damit eine heilende Wirkung bei Ihnen selbst und erlangen Kenntnis darüber, wo Ihre Schwächen und Stärken liegen. Indem Sie die Dinge so annehmen, wie sie sind, lernen Sie, besser mit Rückschlägen umzugehen, konstruktive Kritik besser anzunehmen, Energie zu schöpfen und endlich individuell zu handeln. Sie sehen ohne rosarote Brille, wer Sie wirklich sind und wie Ihre ganz eigenen Ziele aussehen, die Sie verfolgen möchten.

Selbstvertrauen aufbauen und selbstbewusster werden

Sie kennen das Gefühl, dass Sie an Ihrem Selbstbewusstsein zweifeln und sich dementsprechend zurückhalten und schüchtern sind. Sie wünschen sich in unterschiedlichen Lebenslagen ein souveränes Auftreten und mehr Unabhängigkeit in Bezug auf die Meinung anderer aus Ihrem Umfeld. Einfach ausgedrückt wollen Sie mehr Selbstsicherheit und Selbstvertrauen. Die beiden Worte sind Synonyme für Selbstbewusstsein. Und das drückt nichts anderes aus als mentale Stärke.

Menschen, die mit mentaler Stärke ausgestattet sind, pflegen einen gelassenen Umgang mit Auseinandersetzungen und Konflikten, sind erfolgreich und es gibt nichts, was diese Menschen aus der Bahn werfen könnte. Dieser Eindruck ist aber eher oberflächlich. Denn das Stärken des Selbstbewusstseins und des Selbstvertrauens geht deutlich mehr in die Tiefe. Wenn Sie die Frage stellen, ob das überhaupt möglich ist, werden Sie mit großer Sicherheit von Experten ein „Ja“ als Antwort bekommen.

Es wird Ihnen gesagt, dass es spezielle Coachings gibt, welche dabei helfen, mehr Selbstvertrauen zu gewinnen und mehr Bewusstsein für sich selbst zu erlangen. Um die Antwort der Fachleute zu verstehen, müssen Sie wissen, was Selbstvertrauen und Selbstbewusstsein bedeutet.

- **Selbstbewusstsein** = sich seiner selbst bewusst sein
- **Selbstvertrauen** = Vertrauen in sich selbst haben.

Herr Kober beschreibt das psychologische Verständnis folgendermaßen:

Zitat:

„das Überzeugtsein von seinen Fähigkeiten, von seinem Wert als Person, das sich besonders in selbstsicherem Auftreten ausdrückt".

M. Kober

Wenn Sie nach Synonymen für Selbstbewusstsein suchen, finden Sie Begriffe wie Stolz, Selbstverliebtheit, Selbstgewissheit, Selbstwert und Sicherheit. Für Selbstbewusstsein wird im Englischen der Begriff „self awareness“ verwendet, der nichts anderes als Selbsterfahrung bedeutet. Selbsterfahrung beruht auf bestimmten Denkprozessen, mit denen Sie die eigene Persönlichkeit erkennen. Anhand der deutschen Synonyme für Selbstbewusstsein wird schnell deutlich, dass verschiedene Aspekte in diesem einen Wort zusammengefasst sind. Dazu gehören auch Selbsterkenntnis und Selbstliebe. Und wieder sind es Fragen, die Sie sich stellen müssen:

- Wer sind Sie?
- Was können Sie?
- Welchen Wert haben Sie in Ihrer eigenen Denkweise?

Für die Beantwortung der Fragen sind zwei Prozesse notwendig, die Sie anstoßen müssen. Einmal ist es die Eigenwahrnehmung, mit der Sie sich selbst bewusst werden, wer Sie sind, was Sie können und wie Sie sich fühlen.

Zum anderen ist da die Bewertung. Damit erkennen Sie Ihre Fähigkeiten und Talente an, auf die Sie stolz sein können. Mehr Selbstbewusstsein stellt sich ein, indem Sie Vertrauen in Ihre Fähigkeiten und Talente entwickeln. Daraus ergibt sich eine bessere Wahrnehmung der eigenen Person, auf die Sie sich verlassen können. Sie lernen sich besser kennen, können damit mangelndes Selbstbewusstsein durch ein verzerrtes Selbstbild besser identifizieren und einer gründlichen Korrektur unterziehen. Im Ergebnis stellt sich ein besseres Selbstbewusstsein ein, dass Sie auch nach außen hin ausstrahlen.

Selbstakzeptanz ist ebenso wichtig, um Selbstbewusstsein aufzubauen. Indem Sie sich allen Fehlern, Schwächen, Stärken und positiven Dingen annehmen, erreichen Sie Vertrauen in sich selbst und mehr Selbstsicherheit. In der Selbstannahme finden Sie die Dinge, die Ihre ganz individuelle Persönlichkeit ausmachen. Haben Sie diesen Schritt vollbracht, stellt sich wie von selbst ein positives Selbstwertgefühl ein und dieses bringt auch Selbstliebe mit sich. Selbstachtung, Selbstvertrauen, Selbstakzeptanz, Selbstverantwortung, Selbstwert, Selbsterkenntnis, Selbstwertschätzung und Selbstliebe zeigen Ihnen, dass es primär um Sie geht und um keine andere Person.

Sie verfolgen alle das gleiche Ziel und sollten als Komponenten gesehen werden, damit Sie mit sich selbst ins Reine kommen, persönliche Stärke entwickeln und erkennen, dass Sie Ihre Liebe verdient haben. Sie sind eine eigenständige Persönlichkeit mit Ecken und Kanten, die in allen Lebensbereichen ein glückliches Leben führt.

Selbstwertgefühl und Selbstbewusstsein für Alltag und Beruf

Die Kombination aus Selbstwertgefühl und Selbstbewusstsein ist die Grundlage für Selbstliebe. Deutlich zu erkennen ist das bei Menschen, die eine selbstbewusste Ausstrahlung vorweisen. Denn diese Personen lieben sich selbst, stehen zu sich und haben die richtige Einstellung zu sich selbst, die Ihnen immer wieder den Rücken stärkt. Es gibt im Leben kein wichtigeres Urteil als das, welches Sie über sich selbst fällen. Durch diese gewaltige Kraft hat es Einfluss auf Ihren Erfolg im Alltag und im Beruf, ob Sie sich Herausforderungen stellen, damit umgehen können und ob Sie in der Lage sind, eine glückliche Beziehung zu führen.

Der Selbstwert hat dabei die Aufgabe, als innerer Schutzmechanismus zu fungieren. Und genau dieser steht in enger Verbindung mit den eigenen Möglichkeiten. Menschen mit einem ausgeprägten Selbstwertgefühl sind davon überzeugt, dass Sie Einfluss auf sich selbst und das Umfeld haben können. Dieser Glaube setzt Kraft, Stärke und Energie frei, womit alle Herausforderungen und Schwierigkeiten zu meistern sind.

Auf den Punkt gebracht hat das der kalifornische Psychologe Nathaniel Brandon mit diesem einen Satz:

Zitat:

*„Wenn wir nicht an uns selbst glauben,
weder daran, dass wir wirksam, noch
grundsätzlich gut, noch liebenswert sind,
ist die Welt, in der wir leben, ein
furchterregender und kalter Ort."*

Nathaniel Brandon

Dieser Satz drückt grundsätzlich die Wichtigkeit von Wertschätzung, Selbstwert, Selbstachtung und Selbstliebe aus. Sie werden für die Selbstverwirklichung gebraucht. Werte, die Sie definieren, sind nicht das schicke Auto, der Job oder die Villa mit Pool. Sie zeigen nur den gesellschaftlichen Stand und haben keine Verbindung zur Selbstliebe. Genauso wenig drücken sie Ihre inneren Werte aus und zeigen nicht, wie wertvoll Sie sich selbst sind. Sie können voller Selbstzweifel sein, haben keine Selbstachtung, kein Selbstvertrauen, keine Selbstwertschätzung und kein Selbstbewusstsein. Genau diese Dinge sind es, die Sie galant hinter den Statussymbolen verbergen.

Selbstliebe entwickeln Sie, wenn Sie sich die Selbstzweifel eingestehen. Lokalisieren Sie Glaubenssätze wie „Ich habe das nicht verdient“ und „Ich werde sowieso scheitern“ und verbannen Sie diese aus Ihren Gedanken.

Diese Saboteure lassen ein positives Selbstwertgefühl nicht zu und verhindern Selbstliebe. Darum sollten solche Gedanken im Keim erstickt werden. Mit Selbstreflexion arbeiten Sie „alle Fähigkeiten“ (Stärken und Schwächen) heraus und nehmen diese wertfrei an. Sie machen damit den Anfang, an Ihre eigenen Fähigkeiten zu glauben. Auch wenn Sie Selbstwertgefühl, Selbstvertrauen, Selbstwertschätzung und Selbstliebe nach außen hin ausstrahlen, liegen die Wurzeln in Ihrem tiefsten Inneren. Bei Persönlichkeiten des öffentlichen Lebens ist diese ehrliche Ausstrahlung zu erkennen. Sie glauben uneingeschränkt an ihre Fähigkeiten und Talente.

Sie haben in ihrem Leben die Aussage „Ich liebe mich selbst“ verinnerlicht und brauchen keinen Pseudo-Glauben, um ein solches Bild zu erzeugen. Darum sollten Sie sofort damit aufhören, sich mit anderen zu vergleichen. Erkennen Sie Ihre Fähigkeiten, nutzen Sie selbst die kleinsten Erfolge für neue Herausforderungen, um dem inneren Kritiker die Stirn zu bieten. Nutzen Sie angebotene Hilfe und bieten Sie Hilfe an, wappnen Sie sich gegen kritische Situationen und feiern Sie Erfolge, indem Sie sich selbst belohnen und mit Menschen umgeben, deren positive Haltung ansteckend ist.

Diese Aspekte sind nicht nur für das Selbstwertgefühl einsetzbar, sondern haben eine große Wirkung auf das Selbstbewusstsein im Alltag und Beruf. Sie öffnen sich selbst damit die Augen, dass Sie kein schlechter Mensch sind. Ihre Persönlichkeit besteht aus positiven und veränderungsbedürftigen Fähigkeiten, die Sie durch eine wertfreie Betrachtungsweise und damit verbundene Denkanstöße zum Umdenken und Selbstfinden bewegen. Sie werden sich alter, vielleicht auch negativer Denkmuster bewusst, können diese neu programmieren und das Selbstwertgefühl damit stärken. Ohne Selbstwertgefühl erfolgt keine Entwicklung von Selbstbewusstsein. Darum lokalisieren Sie, was Ihnen wichtig und wertvoll ist. Selbstliebe ist unabhängig von materiellen Dingen. Sie ist der Ausdruck dafür, dass Sie sich und Ihre Persönlichkeit annehmen, mit allen Ecken und Kanten. Selbstliebe ist eine Empfindung, ein Gefühl, das sich mit Geld nicht kaufen lässt. Daher begegnen Sie sich selbst mit Wertschätzung und Respekt. „Sie sind wertvoll!“

Warum ist die Wichtigkeit von Selbstliebe und positivem Selbstwert so hoch?

Selbstwert ist der Grundstein des Lebens. Er bildet mit anderen Elementen das Fundament die subjektive Wertigkeit für Ihre Fähigkeiten, Schwächen, Stärken und Eigenschaften. Der Selbstwert zeigt demnach das Spiegelbild dessen auf, wie wertvoll Sie sich selbst erachten und wie viel Sie sich selbst wert sind. Gleichzeitig präsentieren Sie damit, welche Rolle und welchen Wert Sie sich selbst in der Welt und in Ihrem Leben bemessen.

Ist kein ausgeprägtes Selbstwertgefühl vorhanden, erfolgt eine abwertende Einschätzung. Sie sind streng mit sich selbst, legen die Messlatte sehr hoch und siedeln die Erwartungen sehr hoch an. Ihre guten Fähigkeiten sind Ihnen nicht gut genug. Fehler, Schwächen und Makel haben eine große Dominanz und verhindern dadurch, dass Sie einen wichtigen Teil Ihrer Persönlichkeit nicht akzeptieren. Doch auch Fehler, Schwächen und Makel gehören zu Ihnen. Sie suchen immer nach Bestätigung und Anerkennung von anderen Personen, Sie haben große Ideale, die sich negativ auf Ihre Persönlichkeitsentwicklung auswirken.

Durch ein positives Selbstwertgefühl und Selbstliebe gehen Sie nicht mehr so streng mit sich selbst ins Gericht, sondern lassen Milde walten. Sie betrachten Selbstzweifel in Verbindung mit der Situation, wo diese auftreten und projizieren diese nicht mehr auf die eigene Person. Das Aufgeben von Selbstzweifel bewirkt, dass Sie realistische Erwartungen an sich selbst stellen, die Sie auch erfüllen können. Sie lernen, zu verzeihen und zu akzeptieren, dass Sie Schwächen, Fehler und Makel haben.

Selbstliebe hat mit Vollkommenheit nichts gemeinsam. Sie bedeutet, mit sich selbst im Einklang zu leben und nicht Perfektionismus hinterherzulaufen. Dieser Weg zeigt eine narzisstische Ader, die von Ihren Mitmenschen negativ gewertet wird. Bringen Sie die Waagschalen ins Gleichgewicht und schaffen Sie eine perfekte Balance. Damit erschaffen Sie die Grundlage für Selbstliebe und ein positives Selbstwertgefühl. Wenn Sie mit Ihrer Person und den wichtigen Menschen eine harmonische Beziehung pflegen, stellen sich Ihre Fehler, Makel und Schwächen als liebenswerte Eigenschaften dar. Sie haben verstanden, sich selbst zu akzeptieren, zu respektieren und sich zu lieben und werden dieses auch in gleichem Maße zurückbekommen.

Ganz gleich, in welche Richtung Ihre Lebensziele gehen – mit Selbstwertschätzung und Eigenliebe steht einem erfüllten Leben nichts im Wege, wenn Sie täglich daran arbeiten.

Selbstliebe lernen – ein praktischer Guide

Sie haben jetzt ein umfangreiches Wissen über Selbstliebe und dazugehörige Aspekte wie Selbstwertgefühl, Selbstwertschätzung und Selbsterkenntnis erhalten. Mit dem theoretischen Wissen können Sie jetzt an die praktische Umsetzung herangehen. Beginnen Sie noch heute, sich selbst mehr zu lieben und Ihre Stärken und Schwächen zu akzeptieren. Zufriedene, glückliche Menschen sind bereits diesen Weg gegangen. Warum nicht auch Sie? Es stehen alle Türen für Sie offen.

Selbstliebe ist eine Fähigkeit, eine Tugend, die jeder Mensch für sich selbst nutzen und erlernen kann. Sie müssen nur bereit dazu sein und etwas dafür tun. Manifestieren Sie die Basis von Selbstliebe lernen in Ihren Gedanken. Kennen Sie das? Sie stecken gerade in einer Situation, wo Sie sich besonders anstrengen, um Ihrem Umfeld Respekt, Mitgefühl und Rücksichtnahme zu geben. Was ist mit Ihnen? Ihre Antwort lautet garantiert, dass es Ihnen gut geht. Stimmt das wirklich? Eine genauere Betrachtungsweise zeigt deutlich, dass Sie Ihre eigenen Wünsche und Bedürfnisse wieder einmal für andere nach hinten schieben.

Sie treten wieder einmal auf der Stelle und kommen keinen Schritt weiter. Sie sind doch die Person, die eine liebevolle, respektvolle Behandlung verdient und braucht. Ist das aber nicht eine egoistische Denkweise und zeigt Arroganz und Selbstverliebtheit in den schillerndsten Farben? Diese Annahme ist eine völlig falsche Interpretation. Vielmehr wird damit Selbstliebe zum Ausdruck gebracht. Durch fehlgeleitete Annahmen verweigern Sie sich eine gute Behandlung. Sie wollen nicht als Narzisst gesehen werden. Dafür gibt es aber keinen Grund. Nur die Menschen, die sich um sich selbst kümmern, dafür sorgen, dass es ihnen gut geht und gegenüber der eigenen Person Liebe empfinden, können anderen Personen Liebe, Respekt und ehrliche Anerkennung geben.

Selbstliebe lernen gelingt, wenn Sie das Wissen darüber haben, dass diese Fähigkeit nicht plötzlich da ist und mit lauten Rufen auf sich aufmerksam macht. Genauso wenig legt sich über Nacht ein Schalter um, sodass Sie direkt nach dem Aufwachen durchstarten und beginnen, sich endlich selbst zu lieben. Ihre Umwelt, Familie, Freunde und Anforderungen, die an Ihre Person gestellt werden, haben Sie geprägt.

Daraus entspringen auch bestimmte Fähigkeiten und Eigenschaften. Wenn Sie niemals gelernt haben, was Selbstliebe bedeutet, können Sie auch nicht wissen, was hinter dieser einzigartigen Fähigkeit verborgen liegt. Deswegen brauchen Sie sich weder zu verurteilen noch als schlechten Menschen einzustufen. Mit gesundem Menschenverstand betrachtet, wird keiner ein schlechtes Urteil über Ihre Person fällen, weil Sie nicht die Fähigkeit besitzen, ein Raumschiff zu fliegen. Machen Sie sich selbst bewusst, dass Ihnen eine wichtige Fähigkeit fehlt, um glücklich und erfolgreich zu sein. Der kleine Test zeigt Ihnen, wie viel Liebe Sie für sich selbst empfinden. Gehen Sie in sich und suchen Sie nach ehrlichen Antworten auf folgende Fragen!

1. Denken Sie oft darüber nach, welche Dinge Sie noch erfüllen müssen, um wahres Glück zu empfinden?

2. Glauben Sie, dass bei Ihnen bestimmte Charaktereigenschaften dazu führen, nicht liebenswert zu sein?

3. Fällt es Ihnen schwer, sich selbst zu verzeihen und Fehler einzugestehen?

4. Kennen Sie die Situation, gegen unsichtbare Mauern zu laufen, die Sie nicht überwinden können?

5. Haben Sie auch mitunter das Gefühl, sich komplett verausgabt zu haben, ohne sich anschließend wertiger und besser zu fühlen?

6. Glauben Sie, dass Ihr Leben in einer anderen Konstellation besser laufen und Ihnen mehr Selbstvertrauen geben würde?

Wie viele Fragen haben Sie mit „Ja" beantwortet? Waren es mehrere? Dann ist jetzt genau der richtige Zeitpunkt, um Ihre Liebe zu sich selbst auszubauen und zu stärken. Verändern Sie Ihre Lebenseinstellung. Das gelingt Ihnen, indem Sie sich darauf einlassen und dementsprechend handeln. Sie selbst haben es in der Hand und darum lässt sich Selbstliebe auch erlernen. Jeden Tag stellt Sie die Liebe zu Ihnen selbst vor neue Herausforderungen und zeigt Ihnen, wie Sie mit sich selbst umgehen. Darum ist es so wichtig, dass Sie an sich selbst denken, sich wertschätzen und guttun. Eine entscheidende Bedeutung sollten daher folgende Aspekte einnehmen:

- Wenn Sie über sich selbst reden, nutzen Sie wohlwollende, liebenswürdige Worte, selbst wenn Sie einen Fehler gemacht haben.

- Kümmern Sie sich um Ihren Körper und pflegen Sie ihn, gehen Sie zum Training, um ein tolles Körpergefühl zu erlangen.

- Erkennen Sie Ihre Träume und holen Sie diese Lebensideen in das reale Leben.

- Beginnen Sie damit, Ihre Gefühle zu akzeptieren, auch die schlechten.

- Sagen Sie „Ja" zu all Ihren Gedanken.

- Loben Sie sich stetig.

- Erkennen Sie sich selbst in Ihrem Spiegelbild.

- Gönnen Sie sich Ihre Erfolge und Ihr Glück von ganzem Herzen.

- Hören Sie auf Ihren Körper, nehmen Sie ihn an und lernen Sie sich besser kennen.

- Stärken Sie Ihr Rückgrat und stehen Sie auch in harten, schlechten Zeiten zu sich.

- Nehmen Sie Herausforderungen an und vertrauen Sie auf Ihre Fähigkeiten.

- Machen Sie sich selbst zu Ihrem besten Freund.

- Seien Sie ehrlich zu Ihnen selbst und seien Sie dankbar.

- Pflegen Sie jeden Tag einen rücksichts- und hingebungsvollen Umgang mit Ihnen selbst.

- Machen Sie sich zur Nummer Eins in Ihrem Leben.
- Suchen Sie sich Methoden, mit denen Sie sich selbst gut behandeln.

Diese Aspekte sind wichtige Eckpfeiler. Menschen, die sich selbst lieben, haben diese komplett als ungeschriebenes Gesetz in das eigene Leben übernommen.

Selbstliebe – Gewohnheiten spielen eine Schlüsselrolle

Eine wichtige Grundlage für die Liebe, die Sie gegenüber sich selbst empfinden, sind Ihre Gewohnheiten, von denen Sie eine ganze Menge haben. Sie erleichtern Ihnen das Leben, da die gewohnten Routinen, ohne nachzudenken, ganz automatisch ablaufen. Die Programme laufen immer nach dem gleichen Schema ab. Wenn Sie beispielsweise jeden Morgen darüber nachdenken müssen, was Sie als Erstes machen und wie Sie am besten starten, wird der Tag wenig produktiv und effizient beginnen.

Routinen sind wie Autopiloten, die Sie ohne nachzudenken durch Ihr Leben führen. Diese automatischen Routinen haben Einfluss auf Sie und anderen Menschen. Sie entspringen bisweilen aus Erlebnissen in der Vergangenheit und stellen eine Barriere dar, die Selbstannahme und Eigenliebe verhindern.

Dadurch sind Sie nicht in der Lage, sich so anzunehmen, wie Sie sind. Das ist aber kein Grund, die Flinte gleich ins Korn zu werfen. Starten Sie mit der Neukonditionierung Ihrer Gewohnheiten durch und üben Sie eine positive Sichtweise der Dinge.

Dazu gehören auch die Gewohnheiten, die Sie für den Umgang mit sich selbst verwenden. Wenn Sie Klarheit schaffen und erkennen, wie Sie mit sich selbst umgehen, stellt sich der Gedanke ein, dass Sie wichtig und wertvoll sind, mit allen Stärken und Schwächen. Erst dann können Sie Liebe für die eigene Person empfinden. Der praktische Weg führt zu mehr Selbstliebe Sie wollen sich bedingungslos lieben, gut behandeln und vertreten gleichzeitig die felsenfeste Meinung, dass Sie die positiven, tollen Dinge gar nicht verdient haben, weil Sie sich selbst nicht lieben?

Das klingt doch paradox! Jeder verdient Akzeptanz, Selbstachtung und Selbstliebe. Sie sind keine Ausnahme, dem diese Dinge verwehrt bleiben.

Wer sich selbst gut behandelt, wird anfangs sicherlich ein merkwürdiges Gefühl empfinden. Nutzen Sie dieses als Brücke, um eine Verbindung zu Ihnen selbst herzustellen.

Durch Reflexion finden Sie heraus, was Ihnen wirklich guttut. Damit erlangen Sie einen tiefen Einblick, entwickeln hohe Sensibilität und beginnen, sich selbst zu spüren. Es gibt keine Zweifel, sondern nur klare, unmissverständliche Aussagen, die deutlich aufzeigen, wie sehr Sie sich mögen. Sie hegen Zweifel? Da Sie immer die Wahl haben, wird es funktionieren. Denken Sie einmal darüber nach: Würde eine Person, die große Selbstliebe empfindet, den eigenen Körper nachlässig behandeln und ihm beispielsweise mit ungesunder Ernährung und übermäßigem Alkoholkonsum Schaden zufügen? Die Antwort ist ein klares „Nein"! Indem Sie sich beispielsweise gesund ernähren und Sport treiben, pflegen Sie Ihren Körper und tun sich selbst etwas Gutes. Es wird ein positives Signal ausgesendet, welches Selbstliebe sehr ähnlich ist. Menschen, die eine hohe Selbstliebe empfinden, werden niemals ihren Körper vernachlässigen. Es wird dafür gesorgt, dass es dem Körper gut geht und damit ein positives Signal an das Unterbewusstsein übermittelt.

Wann haben Sie das letzte Mal ganz bewusst Zeit mit sich selbst gehabt, sich eine Auszeit vom Alltagsstress gegönnt und sich ausgiebig gepflegt? Solche Dinge signalisieren, dass Sie sich selbst wichtig nehmen und sich deshalb um Ihr eigenes Wohlergehen kümmern.

Sich selbst lieben ist ganz einfach! Selbstliebe lässt sich mit Achtsamkeitsübungen unterstützen, da Sie damit die Verbindung zu Ihnen selbst stärken. Selbst die kleinsten Dinge und Aktionen helfen Ihnen dabei, Selbstliebe zu lernen. Darum sollten Sie keine Herausforderungen scheuen. Greifen Sie zu und nehmen Sie alles mit, ohne Angst. Denken Sie gar nicht erst darüber nach, dass andere Menschen risikofreudiger sind als Sie. Was machen denn Personen aus, die Selbstliebe empfinden? Sie lassen sich durch Misserfolge und Fehlentscheidungen nicht beeinflussen und gehen weiter ihren Weg. Misserfolge werden als Herausforderung gesehen, um es beim nächsten Versuch anders anzugehen. Durch Fehlentscheidung lassen sie sich nicht beeinflussen, weil ihnen ihr eigener Wert bekannt ist. Darum sind diese Menschen erfolgreicher.

Diese Menschen haben die feste Überzeugung, dass Sie Glück und Erfolg verdienen. Daraus ergibt sich ein starkes Fundament, dem Widrigkeiten nichts anhaben können. Darum gelingt es diesen Menschen, die Welt zu erobern und sich jeder Herausforderung zu stellen. Das können Sie auch! Sehen Sie neue Herausforderungen nicht als unüberwindbar an und kosten Sie den süßen Geschmack des Erfolgs. Es gibt keine Misserfolge, da Sie in der Lage sind, lehrreiche Erfahrungen daraus mitzunehmen.

Dabei lernen Sie, Fehler objektiv zu betrachten, ohne sich schlecht zu fühlen. Es entwickelt sich ein Gefühl für sich selbst, mit dem Sie Ihren eigenen Wert einzuschätzen lernen. Im realen Leben lernen Sie, sich selbst zu lieben, ohne sich zu verurteilen. Gehen Sie hinaus und stellen Sie sich den tollen Dingen, die nur auf Sie warten. Sie können sich natürlich jahrelang gedanklich damit auseinandersetzen, um Misserfolgen und Fehlern aus dem Weg zu gehen. Positives Selbstwertgefühl, Selbstwertschätzung und Selbstliebe werden Sie damit nicht erlangen!

Der Körper – ein wichtiger Aspekt der Selbstliebe

Heute gibt es nur noch wenige Menschen, die sich um den eigenen Körper kümmern, eine liebende, gesunde Beziehung zu ihm pflegen und ihm die Wertschätzung entgegenbringen, die er verdient hat. Es geht dabei nicht um Äußerlichkeiten und das Erscheinungsbild. Ihr eigener Körper macht 90 Prozent von Ihnen aus. Sie kennen garantiert nur einen Bruchteil. Der Rest davon liegt im Verborgenen. Darum sollten Sie auf die Suche gehen und das Wissen über Sie selbst erweitern. Ansonsten funktioniert Selbstliebe nicht!

- Wann haben Sie zuletzt der inneren Stimme gelauscht und mit jeder Faser Ihren Körper gespürt?

- Wie lange ist es her, dass Sie Kontakt zu Ihrem Körper aufgenommen und Wertschätzung sowie Anerkennung gezeigt haben?

- Wann haben Sie zuletzt Ihren Gedanken Einhalt geboten und auf die Dinge gelauscht, die Ihnen Ihr Körper mitteilt?

Begeben Sie sich gedanklich auf einen Ausflug, reisen Sie in die Vergangenheit und versuchen Sie sich zu erinnern, wann Sie das letzte Mal selbstliebend und energiegeladen waren. Wo haben sich die stärksten Emotionen eingestellt, im Kopf oder vielleicht doch in Ihrem Körper? Absolute Ehrlichkeit wird Ihnen zeigen, dass Sie die größten Empfindungen im Körper gespürt haben. Sobald das Gehirn wieder Denkprozesse heraufbeschwört, flachen die körperlichen Emotionen ab. Ihr Kopf sagt Ihnen nämlich, dass Gefühle und Empfindungen keine Daseinsberechtigung haben und falsch sind.

Grund dafür sind die Gewohnheiten, die eigene Programmierung, die Sie über Jahre hinweg genutzt haben. Genau da müssen Sie den Hebel ansetzen und eine Veränderung herbeiführen.

Gelingen kann das mit Yoga und einfachen Übungen. Sie entwickeln dabei ein ganz neues, intensiveres Körpergefühl. Damit wird die eigene Einstellung zu Ihnen selbst deutlich bunter und reichhaltiger. Das neue Körpergefühl vertreibt die Selbstzweifel, die Sie so lange schon mit sich herumtragen. Durch Selbstliebe lernen Sie neue Gefühle kennen, die Ihnen ungewohnt vorkommen. Stellen Sie diese nicht infrage, sondern nehmen Sie diese an. Sie dürfen solche Emotionen haben, da Sie damit das Signal auf Grün stellen. Sie machen in diesem Moment genau das Richtige. Denn Sie geben sich mehr Selbstachtung, Selbstwertschätzung, Selbstvertrauen und damit Selbstliebe. Bleiben Sie trotz Widrigkeiten hartnäckig und manifestieren Sie neue Gewohnheiten und Verhaltensweisen. Indem Sie wahre Selbstliebe empfinden, dementsprechend handeln und sich selbst behandeln, senden Sie positive Signale aus. Menschen in Ihrem Umfeld werden diese erkennen und zu schätzen wissen.

Selbstachtung – respektvollen Umgang mit sich selbst lernen

Persönlichkeitsentwicklung ist ein riesiges Paket und beinhaltet unterschiedliche Aspekte, die sich auf das „Selbst“ beziehen. Darum haben die Fähigkeiten immer das Wort „Selbst“ im Gepäck. Selbstwahrnehmung, Selbstbewusstsein, Selbstannahme, Selbstliebe und natürlich auch Selbstachtung und viele weitere gehören zum Repertoire. Sie stehen alle in einer engen Verbindung zueinander und benötigen dementsprechend die gleiche Aufmerksamkeit.

Wie sieht es bei Ihnen mit Selbstachtung aus? Es ist nicht schwer, andere an den Pranger zu stellen und zu sagen, dass diese Person keine Selbstachtung hat. Oftmals wird das als Sprungbrett benutzt, um sich selbst vorzugaukeln, dass es einem besser geht. Warum fällt es Menschen so schwer, sich selbst in die Augen zu schauen, sich zu hinterfragen und nachzuforschen, wie es um die eigene Selbstachtung bestellt ist? Oft genug werden die eigenen Fähigkeiten selbst demontiert und sich selbst schlecht behandelt. Genauso wird anderen Menschen kein Respekt entgegengebracht.

Grund dafür ist fehlende Selbstachtung, die große Auswirkung auf die Selbstannahme, Selbstliebe und den Umgang mit anderen Menschen hat.

Was bedeutet Selbstachtung?

Selbstachtung bedeutet, dass Sie Achtung vor der eigenen Person haben und pfleglich damit umgehen. Je mehr Sie sich mit Ihren Stärken und Schwächen angenommen haben, desto höher fällt die Selbstachtung aus. Natürlich hat die eigene Lebenseinstellung, die Denkweise und das Handeln großen Einfluss auf die Selbstachtung. Darum gibt es auch eine enge Verknüpfung zu:

- Selbstwert
- Selbstliebe
- Selbstwertgefühl
- Selbstwertschätzung
- Selbstvertrauen
- Selbstbewusstsein

Wem es an Selbstachtung mangelt, kann auch kein Selbstvertrauen aufbauen.

Denn Dinge, die Sie nicht achten, geben Ihnen kein Vertrauen. Selbstachtung hat tiefe, weitgreifende Wurzeln, die sich als Grundsatz darstellen. Ist diese Basis nicht vorhanden, verläuft jeder Versuch Selbstbewusstsein und Selbstvertrauen aufzubauen im Sand. Was steckt nun hinter Selbstachtung?

Zitat:

„Unter Selbstwert (auch: Selbstwertgefühl, Selbstwertschätzung, Selbstachtung, Selbstvertrauen, oder unpräziser: Selbstbewusstsein, Eigenwert, umgangssprachlich auch Ego) versteht die Psychologie die Bewertung, die man von sich selbst hat.“

unbekannt

Unerheblich ist dabei, ob der Selbstwert hoch oder niedrig angesiedelt ist. Stattdessen steht im Vordergrund, wie stabil oder instabil der Selbstwert ist und Sie sich dessen bewusst sind. Stabilität und Instabilität begründen sich auf dem Vertrauen in die eigenen Fähigkeiten. Durch Erfahrungswerte gelingt es Ihnen, bestimmte Situationen zu meistern. Selbstbewusstsein und Selbstwertgefühl werden oft mit Selbstachtung in einen Topf geworfen. Diese Begriffe sollten aber niemals mit krankhaftem Egoismus oder Arroganz verwechselt werden. Damit ist nämlich nicht gemeint, dass die Selbstannahme so weit geht, dass Sie über jegliche Zweifel erhaben und der/die Größte sind.

Genau wie bei der Selbstliebe geht es um eine respektvolle, liebevolle und pflegliche Behandlung. Überlegen Sie einmal, wie Sie sich anderen Menschen gegenüber verhalten, die Sie achten, respektieren und wertschätzen. Vermutlich treten Sie dieser Person liebenswürdig und freundlich gegenüber. In einigen Punkten schwingt vielleicht sogar Anerkennung und Bewunderung mit. Genau das passiert auch bei Selbstachtung. Sie halten sich Ihren Wert vor Augen und behandeln sich pfleglich, liebevoll und gut. So sollte es sein. Probleme wirft das Konzept auf, wenn Selbstachtung nur gering oder gar nicht vorhanden ist.

Die Achtung vor sich selbst ist der Schlüssel für ein starkes Selbstwertgefühl und ein positives Selbstbild. Bei vielen Menschen ist das leider nicht so stark ausgebildet, wie es eigentlich sein sollte. Durch eine geringe Ausprägung wird ständig das eigene Verhalten hinterfragt.

Die Meinung von anderen hat ein deutlich höheres Gewicht, die eigenen Bedürfnisse verschwinden im Nirwana und haben damit das Sichtfeld verlassen. Solche Menschen tun nicht gut!

Geringe Selbstachtung lässt sich sehr einfach ausfindig machen, wenn das eigene Verhalten reflektiert wird. Ist ein Mangel an Selbstachtung vorhanden, kann dieses bereits an den eigenen Gedanken festgestellt werden. Es entsteht ein zunehmend negatives Bild von der eigenen Person. Das sieht auch das Umfeld. Mangelnde Selbstachtung zeigt sich folgendermaßen:

- Es wird kein Versuch mehr unternommen, etwas zu bewerkstelligen, weil der Glaube daran so stark ist, dass Sie keine Chance haben.
- Sie äußern nicht Ihre eigene Meinung, sondern sagen etwas völlig anderes.
- Anstatt die eigene Meinung zu äußern, stellen Sie Ihr Licht unter den Scheffel.
- Sie sind sich selbst nicht wichtig und Ihnen ist auch die Wahrnehmung Ihrer Person durch andere Menschen egal.

- Sie verstecken sich im Hintergrund, weil Sie sich als unwichtig fühlen.
- Sie überhören die Warnsignale, die Ihr eigener Körper aussendet.
- Sie wenden keine Kraft und Energie darauf, um aus der misslichen Lage herauszukommen.

Die Ursachen für eine geringe Selbstachtung beruht auf Selbstabwertung, Selbstverachtung, geringer Selbstakzeptanz und Geringschätzung der eigenen Person.

Zitat:

*„Unterlegen ist man im Leben erst dann,
wenn man seine Selbstachtung definitiv
verloren hat“*

Marcel Proust

Menschen mit fehlender Selbstachtung haben komplett verlernt, was Selbstachtung bedeutet. Die fehlende Selbstannahme kann auf Kindheitserlebnissen und Erlebnissen im Erwachsenenalter beruhen. Um Selbstachtung zu erlangen, sollten Sie sich mit diesen Fragestellungen auseinandersetzen:

1. Welchen Erlebnissen sind Sie bisher begegnet?
2. Worauf beruht die Einschätzung des eigenen Wertes?

Gerade in der Kindheit kann sich eine starke Beeinflussung der Selbstachtung von außen ergeben. Wer in jungen Jahren massiver Kritik ausgesetzt war oder unbegründete Ablehnung erfahren hat, wird dieses Verhalten im späteren Leben übernehmen und sich Geringschätzung entgegenbringen. Die Einschätzung des eigenen Wertes ist eine wichtige Fähigkeit, die in allen Lebenslagen gebraucht wird. Denn sie beeinflusst den richtigen Umgang mit Rückschlägen und Fehlern. Entweder gehen Sie stärker aus diesen Situationen hervor oder Sie erleben größtes Leid. Selbstachtung schwindet, wenn Fehler zum Maß aller Dinge mutieren. Sie definieren sich nur noch über Negatives und halten sich selbst für schlecht.

Zitat:

„Kein Mensch kann sich wohlfühlen, wenn er sich nicht selbst akzeptiert!"

Mark Twain

Übungen für mehr Selbstachtung

Diese 12 folgenden Schritte sind ein schöner Leitfaden, den Sie als tägliches Mantra nutzen können, um mehr Selbstachtung zu erlangen.

Gerade, wenn sich Selbstzweifel ausbreiten, sollten Sie sich klarmachen, dass jeder Mensch es wert ist, geliebt zu werden, trotz seiner Fehler und Macken. Jeder hat sie und keiner kann sich davon freisprechen.

12 Punkte für mehr Selbstachtung:

1. Sie kennen Ihre Ideale und Werte und machen diese zum persönlichen Credo.

2. Verfolgen Sie Ihre Ziele und Träume konsequent.

3. Denken und sprechen Sie positiv über Ihre eigene Person.

4. Zeigen Sie Dankbarkeit für Ihre Fähigkeiten und Ihren Besitz.

5. Vertrauen Sie den eigenen Instinkten.

6. Wenn es sich nicht richtig anfühlt, sollten Sie es nicht machen.

7. Fürchten Sie sich nicht davor, „NEIN“ zu sagen.

8. Zerreißen Sie sich nicht, um alle Bedürfnisse von anderen zu befriedigen.

9. Was Sie nicht kontrollieren können, sollten Sie loslassen.

10. Trennen Sie sich von negativen Menschen.

11. Dämmen Sie Ihre Leuchtkraft nicht ein, nur weil diese, andere Menschen stört.

12. Lieben Sie sich mit allem, was zu Ihnen gehört.

Gehen Sie aktiv gegen die geringe Selbstachtung vor und nutzen Sie die positive Psychologie. Dabei verwenden Sie Autosuggestion mit folgenden positiven Affirmationen:

- So wie ich bin, liebe ich mich.
- Meine Ziele werden durch einen festen Glauben untermauert.
- Ich habe die feste Überzeugung, dass ich das Ziel erreichen werde.
- Ich empfinde große Dankbarkeit dafür, was ich habe und was ich bin.
- Alles wird sich zum positiven wenden.

So gelingt es, Selbstachtung zu stärken. Genauso, wie die Selbstachtung Schritt für Schritt verloren gegangen ist, können Sie diese wiedererlangen. Schritt für Schritt bewegen Sie sich dabei vorwärts. Denn alte, schlechte Denkmuster lassen sich nicht einfach mit einem Klick wegwischen und durch eine neue Programmierung ersetzen. Sobald Sie erkannt haben, dass Handlungsbedarf besteht und Sie für Veränderungen bereit sind, müssen Sie für das Durchhalten eine gute Portion Motivation aufbringen. Nur durch regelmäßiges Wiederholen werden sich die positiven Affirmationen in Ihrem Unterbewusstsein festigen. Die Tipps werden dazu beitragen, eigene Stärken wieder zu akzeptieren, fair mit sich selbst umzugehen und Selbstachtung zurückzuerlangen.

1. Schrauben Sie die eigenen Erwartungen herunter

Die eigenen Fehler sind immer vordergründiger als die Fehler, die andere gemacht haben, weil Sie täglich immer wieder damit konfrontiert werden und Sie sich selber am besten kennen. Darüber hinaus erwarten Sie von sich selbst mehr als von anderen Menschen in Ihrem Umfeld. Dieses hohe Maß an Perfektionismus kann kein Mensch erfüllen.

Lassen Sie Gnade walten und betrachten Sie Ihre Schwächen und Stärken mit Wohlwollen und realistisch, so wie Sie es bei einem Kollegen oder Freund machen. Ihm stehen Sie zur Seite, wenn etwas schiefläuft. Sie trösten und drücken Mitgefühl aus. Warum machen Sie das nicht bei sich selbst? Sie haben das genauso verdient wie der Kollege oder Freund.

2. Legen Sie den Hauptfokus auf die eigene Person

Selbstachtung wird von vielen Menschen vom Umfeld abhängig gemacht. Gibt es ein positives Feedback von Familie, Freunden und Kollegen, stellt sich ein ähnliches Gefühl wie Selbstachtung ein. Diese fadenscheinige, von außen kommende Selbstachtung, entsteht durch Abhängigkeit und birgt große Risiken. Die Achtung vor der eigenen Person ist nur dann wirklich, wenn sie von innen kommt. Weder Kritik noch Meinungsverschiedenheiten können den Wert der eigenen Person verschieben oder infrage stellen. Lernen Sie, sich selbst zu vertrauen. Damit brauchen Sie keinen Zuspruch von außen. Gelingt Ihnen das, haben Sie den richtigen Weg eingeschlagen, um eine ausgewogene Selbstachtung zu erlangen.

3. Klare Grenzen stecken und nach außen kommunizieren

Menschen mit einer geringen Selbstachtung sind schnell in der Opferrolle, werden herumgeschubst und reden sich ein, dass sie nichts anderes verdient haben. Um aus dieser Opferrolle herauszukommen und die Denkweise sowie das Verhalten zu ändern, bedarf es klarer, fest abgesteckter Grenzen, die nicht übertreten werden dürfen. Sie sind nicht der Sündenbock, der sich alles gefallen lassen muss. Zeigen Sie Ihre Ansichten auf und geben Sie deutlich zu verstehen, dass Sie Ihre eigene Person wertschätzen und wissen, wie Sie sich verteidigen können. Genauso brauchen Sie für sich selbst Grenzen, die Sie nicht überschreiten. Damit erhalten Sie Ihre Selbstachtung aufrecht, die Sie mit großer Anstrengung wiederaufgebaut haben. Ziehen Sie die Notbremse, sobald wieder alte Verhaltensmuster auftauchen.

Selbstachtung und Selbstannahme

Es fällt verdammt schwer, sich selbst anzunehmen, Eigenliebe zu entwickeln, der beste Freund zu sein und alle Unzulänglichkeiten, Fehler, Schwächen, Marotten und Macken zu akzeptieren.

Doch gerade die Selbstannahme und die damit einhergehende Selbstachtung sind wichtige Pfeiler für Beziehungen, Erfolg im Beruf, Glück und für Sie selbst. Nur wenn Sie diese beiden Fähigkeiten besitzen, können Sie sich selbst und andere mit all ihren Schwächen annehmen und inneren Frieden finden. Aus diesem Frieden entsteht so etwas wie Souveränität und Zufriedenheit. Genauso wie Selbstliebe können Sie Selbstannahme lernen.

Doch seien Sie sich bewusst darüber, dass sich Selbstannahme zwischen Selbstverleugnung und Selbstsucht bewegt. Selbstannahme ist nichts anderes als Selbstakzeptanz und wird als tugendhaft gewertet. Indem Sie sich selbst annehmen, haben Sie die Fähigkeit entwickelt, sich selbst zu erkennen, anzunehmen und zu schätzen, genauso wie Sie sind. Sie können von sich sagen, dass Sie sich mögen, sich gut finden, so wie Sie sind und sich selbst genug sind. Für Selbstannahme werden daher auch folgende Synonyme verwendet:

- Selbstliebe
- Selbstwertgefühl
- Selbstachtung
- Selbstvertrauen

- Selbstbestätigung
- Selbstzuwendung

Wer sich selbst annimmt, hat weitere positive Stärken und Fähigkeiten wie beispielsweise:

- einen Sinn für Humor
- die Fähigkeit zu Selbstkritik
- mentale Stärke
- wirklichkeitsnahen Optimismus
- geistige Unabhängigkeit
- Lebensfreude
- Zufriedenheit
- Dankbarkeit

Menschen, die sich selbst annehmen, gehen gelassen mit Kritik um und machen sich größere Zugeständnisse bei Freiheiten und Fehlern. Dementsprechend ist Selbstannahme die wichtige Grundlage, um Veränderungen herbeizuführen. Fehlt es an Selbstakzeptanz, treten große Selbstzweifel auf. Es entsteht das Gefühl, mangelhaft und wertlos zu sein. Kompensiert werden diese Gefühle mit einer Sucht nach Bestätigung und Anerkennung sowie chronischer Arroganz.

Selbstverurteilung und Selbsthass kann sich zudem bei fehlender Selbstannahme einstellen, wenn diese extreme Formen annimmt. Wer Selbstakzeptanz aufbauen möchte, muss die Motivation dahinter erkennen und verstehen. Es sind nicht die Defizite, die im Vordergrund stehen, sondern die Potenziale, aus denen Sie viel mehr herausholen können, als Sie bisher gemacht haben. Daher sollte Ihr neues Lebensmotto folgendermaßen lauten: „So wie Sie sind, sind Sie richtig und gut, es geht aber noch deutlich besser!“ Mit diesem Leitspruch öffnen Sie sich ganz viele Türen. Die Wege, die sich dahinter auftun, führen Sie zu einer positiven Persönlichkeitsentwicklung.

- Sie erlangen ein größeres Selbstbewusstsein, da Ihnen die Selbstannahme ein neues Gefühl von Sicherheit beschert. Der Rückhalt bereitet Ihnen Souveränität bei Entscheidungen und ein selbstbewussteres Handeln.

- Sie werden sich weiterentwickeln, da Sie genau wissen, wo Sie stehen und Ihren Status quo akzeptiert haben. Sie belassen es aber nicht dabei, sondern nutzen diese Erkenntnis als Startpunkt, um neue Dinge anzufassen, in denen Sie sich gerne weiterentwickeln möchten.

- Sie gehen besser mit Kritik um, weil Sie sich angenommen haben. Dadurch lassen Sie sich nicht mehr nach unten ziehen, wenn diese Kritik nicht zu Ihrem eigenen Selbstbild passt. Sie filtern Schwachstellen in Ihrer eigenen Persönlichkeit heraus, betrachten Kritik objektiv und nutzen diese konstruktiv, anstatt diese persönlich zu nehmen.

- Sie entwickeln eine hohe Ehrlichkeit zu sich selbst, weil sich dieses immer einfacher bewerkstelligen lässt. Ein Lügenkonstrukt wird immer dann aufgebaut, um sich selbst zu schützen oder ein besseres Bild zu erzeugen. Doch dieses Bild steht auf einem wackeligen Fundament und droht, jederzeit einzustürzen. Wer die Fähigkeit der Selbstannahme besitzt, braucht sich nicht hinter einem Lügenkonstrukt zu verstecken und eigene Fehler nicht mehr schönzureden.

- Der Spaß am Leben steigt, weil sich die gesamte Wahrnehmung positiv verändert. Sie sind mit sich im Reinen und sehen alle Dinge in Ihrem Leben mit anderen Augen. Dazu zählen auch die Personen, mit denen Sie sich umgeben. Jeder ist so, wie er ist und das ist so perfekt! Es stellt sich Dankbarkeit und Glück ein, da Sie sich selbst akzeptieren.

- Sie erlangen Zufriedenheit, da Sie die Erwartungshaltung an sich selbst verändert haben. Indem Sie zufrieden sind, auch wenn gerade nicht alles rund läuft, geben Sie Dingen eine andere Bedeutung. Damit relativiert sich die Situation und Sie erleben Dinge, die Sie wirklich verdient haben.

Zitat:

„Die schlimmste Einsamkeit besteht darin, sich selbst nicht leiden zu können."

Mark Twain

So lässt sich Selbstannahme lernen

Es gibt 3 spannende Übungen, mit denen Sie Selbstannahme lernen können. Seien Sie sich bewusst, dass es nur wenige Menschen gibt, die das auf Anhieb schaffen. Doch das sollte kein Hindernis sein, endlich selbst anzufangen.

1. Machen Sie zuerst eine Bestandsaufnahme und setzen Sie sich mit Ihrer Persönlichkeit auseinander. Auch wenn Sie glauben, dass Sie sich kennen, werden Sie schnell feststellen, dass zwischen Selbstbild und Fremdbild eine große Kluft liegt. Bei der Selbstreflexion ist Ehrlichkeit sehr wichtig, um Stärken und Schwächen genau zu erkennen. Nutzen Sie das Feedback aus Ihrem engsten Umfeld, um bei der Bestandsaufnahme ein halbwegs objektives Bild von sich selbst zu erhalten. Mitunter werden Sie schnell feststellen, dass Ihre Defizite gar nicht so groß sind.

2. Der schärfste Kritiker sind sie selbst. Eigenkritik wird selten öffentlich durchgeführt, sondern im stillen Kämmerlein. Dabei sind Sie härter und gnadenloser, als Sie mit jedem Schwerverbrecher umgehen würden.

Nicht selten versteckt sich hinter dieser Art von Kritik die Angst davor, überheblich zu wirken. Eigenlob stinkt ja bekanntermaßen! Selbstannahme bedeutet, auf keinen Fall von anderen zu profitieren, sondern sich selbst zuzugestehen, dass der Erfolg nur zustande gekommen ist, weil Sie mit Ihrer eigenen Leistung den Weg geebnet haben. Eigenlob ist der entscheidende Faktor, um Selbstakzeptanz zu erlangen. Loben Sie sich ruhig selbst.

3. Erlangen Sie Kenntnis über Ihre eigenen Erwartungen. Immer wieder taucht das Gefühl auf, alle Erwartungen erfüllen zu müssen. Dabei verlieren Sie schnell den Blick für die eigenen Erwartungen, die an erster Stelle stehen sollten. Schreiben Sie diese auf und schaffen Sie eine klare Linie für Ihre Lebensziele, die Sie im Fokus haben. Damit nabeln Sie sich vom Leben der anderen ab und gehen Ihren eigenen Weg, der Ihres Ermessens gut und richtig für Sie ist. Das hat doch klasse! Beim Lernen von Selbstannahme helfen Denkzettel, indem diese Sie an Ihre eigenen Ziele erinnern. Damit verdeutlichen Sie sich regelmäßig, warum Selbstannahme so wichtig ist.

Es gibt schöne Motivationssprüche, die Sie in einer tollen Kollage zusammenstellen und in einem Bilderrahmen sichtbar aufhängen können. Damit haben Sie immer im Blick, worauf es ankommt. Sie werden feststellen, dass Sie sich immer mehr mit den wichtigen Punkten der Selbstannahme identifizieren können, weil Sie Brücken bauen, die Ihnen dabei helfen, umzudenken und sich selbst in einem anderen Licht zu sehen.

Das Erreichen von emotionaler Reife

Es gibt einen klugen Satz, der sowohl auf Selbstliebe, Selbstachtung, Selbstwertschätzung, Selbstvertrauen, Selbstbewusstsein und Selbstannahme zutrifft und die emotionale Reife beschreibt, die Sie erlangen, wenn Sie Ihre Denkweise verändern.

Zitat:

„Reife ist das, was ich erreiche, wenn ich es nicht mehr nötig habe, irgendjemanden für Dinge zu verurteilen oder zu beschuldigen, die mir selbst passieren."

Anthony de Mello

Und genau das passiert, wenn Sie sich selbst mit allen Fehlern, Stärken und Schwächen annehmen. Sie erlangen Stabilität und emotionale Reife und entwickeln emotionale Stärke, welche Sie zu einem Fels in der Brandung werden lässt. Indem Sie auf vielen Ebenen an sich selbst gearbeitet haben, ist Ihnen dieser intellektuelle Kraftakt gelungen, der Ihnen viel guten Willen und Ausdauer abverlangt hat. Durch die Ehrlichkeit zu Ihnen selbst haben Sie emotionale Stabilität und Stärke erreicht, um die Sie andere beneiden werden. Die neuen Verhaltensmuster sind für Ihre Umwelt erkennbar und stellen sich folgendermaßen dar:

- Sie nehmen das Verhalten von anderen nicht mehr als persönlichen Angriff gegen Ihre Person auf. Denn Sie haben erkannt, dass Sie nicht der Nabel der Welt sind, sondern nur ein kleines Rad im großen Gefüge. Ihre eigene Wertigkeit ist nicht mehr abhängig davon, wie andere Menschen sich Ihnen gegenüber verhalten. Sie sind sich bewusst darüber, dass andere Menschen viel zu sehr mit sich selbst beschäftigt sind. Das hat zur Folge, dass schnell ein unbedachtes Wort verwendet oder Ihnen gar keine Beachtung geschenkt wird. Der Angriff gilt nicht Ihnen persönlich, sondern ist das Ergebnis der Probleme, die Ihr Gegenüber gerade zu bewältigen hat.

- Sie verweigern sich kleinlichen Diskussionen, die nicht zielführend sein, weil Sie damit nur kostbare Zeit verschwenden, die sich sinnvoller nutzen lässt.

Das hohe Maß an Selbstbewusstsein erlaubt Ihnen, Diskussionen im Keim zu ersticken, die auf haltlosen Anschuldigungen und unverschämten Vorwürfen beruhen. Sie haben die Erkenntnis erlangt, dass Rechtfertigungen keine wichtige Maßeinheit darstellen. Damit stehen Sie über den Dingen, die Nörgler als wichtig erachten.

- Emotional stabile Menschen legen den Fokus auf die Vergangenheit, um Gefühle zu kontrollieren und im Jetzt richtig damit umzugehen. Die Emotionen umfassen sowohl die Guten, sowie auch die Schlechten. Es wird nichts verdrängt, weil sonst ähnliche Situationen aus dem Ruder laufen können. Nach einer Rüge ist es daher wichtig, Frust, Ärger und Trauer zu verarbeiten. Das haben Sie gelernt und nutzen die Fähigkeit im Hier und Jetzt.

- Für Sie sind Veränderungen kein Problem, weil Sie erkannt haben, dass sich dort riesige Chancen verbergen. Sie verlassen Ihre Komfortzone und haben die Traute, etwas Neues auszuprobieren. Es ist ganz gleich, ob die Veränderung gewollt oder ungewollt ist.

Sie ergreifen die vielen Möglichkeiten, um das Beste daraus zu machen und sich damit zu arrangieren.

- Pessimismus hat in Ihrem Leben keinen Platz mehr. Denn Ihre Denkweise hat sich dahingehend verändert, dass jede Medaille zwei Seiten hat. Warum sollte sich gerade die schlechte Seite zeigen? Natürlich gibt es Rückschläge. Doch die Umsetzung von eigenen Ideen, Wünschen und Träumen funktioniert nur, weil Sie den Glauben an sich selbst haben, der durch emotionale Stärke gestützt wird.

- Durch Ihre emotionale Stärke lassen Sie sich nicht unbedacht auf irgendwelche Dinge ein, die Sie nachher bereuen. Sie handeln rational und suchen beispielsweise in einer Diskussion nach sachlichen Argumenten, mit denen Sie überzeugen, selbst bei hitzigen Debatten.

- Sie haben es nicht mehr nötig, Fehler zu verschweigen, nur um in einem besseren Licht zu stehen, weil Sie in der Lage sind, aus Fehlern zu lernen. Sie übernehmen Verantwortung für Ihr Handeln und Tun und zeigen damit Größe.

- Sie haben verstanden, dass Sie es nicht allen Menschen recht machen können und haben aufgehört, sich einem verzerrten Leistungsgedanken hinzugeben. Sie wissen, dass es immer jemanden geben wird, der an Ihrer Persönlichkeit, Ihrer Meinung und der Arbeit etwas auszusetzen hat. Emotional stabilen Menschen ist das egal.

- Selbstzweifel gehören nicht zu Ihnen, da Sie über ein starkes Selbstbewusstsein und eine hohe Stabilität verfügen. Zweifel von außen werden nicht übernommen, da Sie ein starkes Vertrauen in Ihre eigenen Fähigkeiten und Stärken haben.

Selbstliebe, Selbstwertschätzung und eine positive Beziehung entwickeln

Auch wenn es anfänglich recht schwierig erscheint, schaffen Sie es bestimmt, wenn Sie an sich selbst glauben und den ersten Schritt nach vorne machen. Nach recht kurzer Zeit werden sich positive Veränderungen einstellen. Ihre Persönlichkeit ausbauen, mentale Stärke erlangen und eine positive Beziehung zu sich selbst aufbauen, gelingt Ihnen mit verschiedenen neuen Denkansätzen und Ritualen.

1. Setzen Sie Ihre Unvollkommenheit gegen Ihren größten Kritiker ein!

Akzeptieren Sie Ihre Unvollkommenheit. Denn genau die ist es, die Ihre Persönlichkeit ausmacht. Sie haben Ecken und Kanten. Ihr Outfit muss nicht immer perfekt sitzen, genauso wenig wie die Frisur. Warum machen Sie sich einen solchen Stress? Ihre Persönlichkeit und eine positive Beziehung zu sich selbst stehen nicht in Abhängigkeit mit einer perfekten Optik.

Gepflegt Ja, perfekt Nein!

2. Öffnen Sie das Herz und lassen Sie wieder Licht hinein!

Versetzen Sie sich in Aufbruchsstimmung und nutzen Sie neue, ungewöhnliche Wege. Dabei werden Sie Selbstliebe, Selbstwertschätzung, Selbstachtung und Selbstvertrauen entwickeln. Es steckt so viel Potenzial in Ihnen, dass bisher im Verborgenen lag. Durchforsten Sie die hintersten und dunkelsten Ecken und beleuchten Sie die Dinge, die Sie dort finden. Damit erreichen Sie eine Veränderung des Blickwinkels und machen mit sich selbst ganz neue Erfahrungen. Schreiben Sie auf, was Sie an sich lieben und was Ihnen nicht gefällt. Damit haben Sie einen interessanten Ansatzpunkt gefunden, der Ihnen zeigt, was Sie in Ihrer Persönlichkeitsentwicklung boykottiert.

3. Führen Sie eine innere Selbstreinigung durch!

Schauen Sie genauer hin und versuchen Sie zu lokalisieren, was die größte Herausforderung in der Beziehung zu Ihnen selbst darstellen. Vielleicht ist es die Beziehung zu Ihrem Körper, weil Sie keine Adonis-Figur haben oder gibt es große Selbstzweifel, Schüchternheit, schlechte Gedanken oder fehlende Ernsthaftigkeit, die Ihnen in Bezug auf Ihre eigene Person und auf die Betrachtungsweise von anderen im Wege stehen?

Um Ihren Geist zu reinigen, schreiben Sie alle Dinge auf, die sich negativ darstellen und die Sie gerne ändern möchten. Formulieren Sie anschließend Sätze, in denen Sie das Negative positiv ausdrücken. Hängen Sie das Blatt gut sichtbar auf, damit Ihnen die Sätze immer wieder ins Auge springen. Stellen sich schlechte Gedanken ein, nutzen Sie einfach den niedergeschriebenen Satz und wiederholen diesen so oft wie möglich. Es wird sich ein entspanntes, gutes Gefühl einstellen.

4. Mit Ausdauer gute Auswege finden!

Selbstliebe, Selbstwertschätzung, Selbstachtung und Selbstvertrauen werden Sie Ihr ganzes Leben begleiten, sie fordern, schleifen und formen, bis aus dem Rohdiamanten ein wunderschöner Diamant geworden ist. Sie durchlaufen Lebensprüfungen und werden vor große Herausforderungen gestellt. Die Prüfungen und Herausforderungen sollten Sie als Denkanstoß und Lernprozess sehen und nicht als verschenkte Zeit. Die damit einhergehenden Aufgaben bringen Sie Schritt für Schritt näher an Ihr Ziel.

Indem Sie sich immer besser kennenlernen, finden Sie selbst einen Ausweg aus verzwickten Situationen und haben Ihr Wissen um Ihre Fähigkeiten, Stärken und Schwächen wieder erweitert.

5. Achtsamkeit

Indem Sie genau auf sich selbst achten, erlangen Sie eine mitfühlende Betrachtungsweise und erlangen mehr Eigenakzeptanz. Schreiben Sie ein Tagebuch, um mehr Achtsamkeit zu erlangen und füllen Sie täglich die leeren Seiten mit den Dingen, die heute gut und weniger gut gelaufen sind. Notieren Sie auch die Gedanken, die sich in der Situation eingestellt haben, die Ihre Denkweise zu diesem Zeitpunkt dominierten. Am Ende eines jeden Tages können Sie ein Resümee ziehen. Schauen Sie, was heute gut gelaufen ist und was Sie verändern können. Es gibt Begebenheiten, die sich Ihrem Einfluss entziehen. Indem Sie achtsam sind und diese Sachen ausfindig machen, gelingt es Ihnen auch, diese als unveränderlich hinzunehmen.

6. Disziplin und Hingabe

Wer die Persönlichkeit ausbauen möchte, braucht Disziplin und Hingabe, um das gewünschte Ziel zu erreichen.

Dazu gehört natürlich auch Lernbereitschaft. Disziplin ist eine Stütze und keine Einengung. Sie hilft Ihnen, in schwierigen Zeiten motiviert zu bleiben und das Ziel mit erhobenem Haupt zu erreichen. Der Motor ist die Hingabe. Sie ermöglicht Ihnen, die vorgenommenen Aufgaben zu bewältigen und dem Ziel immer näherzukommen. Die bereitgestellte Energie speist die Stärke und den Glauben an Sie selbst. Sie entwickeln Liebe, die Sie dabei unterstützt, eine positive Beziehung zu Ihrer eigenen Person aufzubauen.

7. Durch Selbstvertrauen mehr Lebensfreude erlangen!

Vertrauen und Lebensfreude sind wichtige Faktoren, die Sie bei der Persönlichkeitsentwicklung und beim Lernen von Selbstliebe, Selbstwertschätzung und Selbstwert begleiten. Ohne den Glauben an sich selbst stellt sich weder Kraft noch Ausdauer ein. Alle Dinge, die Ihnen auf Ihrem Weg begegnen und die Sie erleben, haben einen tieferen Sinn. Mit Humor und Lebensfreude schauen Sie gelassener auf schwierige Herausforderungen. Es beginnt eine Art Umdenkprozess, sodass Sie wieder selbst über sich lachen können und eigene Verhaltensweisen mit Humor nehmen.

Negative Gedanken haben keinen Platz mehr, weil Sie nun in der Lage sind, sich selbst mit einem Augenzwinkern zu betrachten und sich selbst nicht mehr so wichtig nehmen.

8. Wissen manifestieren und die positive Beziehung zu Ihnen selbst ausleben

Halten Sie immer die Augen offen und sehen Sie genau hin, welche Dinge im Leben wirklich wichtig sind. Sie sind die wichtigste Person in Ihrem Leben und spielen die Hauptrolle. Sie haben die mentale Stärke, sich selbst Eingeständnisse und Zugeständnisse zu machen. Das, was Sie anderen geben, bekommen Sie auch wieder zurück! Geben Sie sich selbst Verständnis, Liebe, Anerkennung, Lachen, Freude, Geborgenheit, verzeihen Sie sich selbst und gestalten Sie um sich herum ein glückliches Umfeld. Ist dieses Ziel erreicht, haben Sie eine weitere Stufe in der Persönlichkeitsentwicklung erreicht. Jetzt sind Sie bereit, an der Selbstwertschätzung, Selbstachtung und Selbstliebe zu arbeiten und die neuen Fähigkeiten zu verinnerlichen. Damit Ihnen das alles gelingt und Sie an Ihrem Ziel festhalten, sind folgende Rituale sehr hilfreich. Mit ihnen bauen Sie eine gute Verbindung zu sich selbst auf. Denn sie zeigen Ihnen, dass Sie die wichtigste Person sind. Diese Rituale sind Termine, die Sie mit sich selbst machen.

Sie helfen Ihnen dabei, sich selbst ein Stück näherzukommen und eine positive Sichtweise der Dinge zu erlangen.

Ritual 1: <u>Zeit zum Abschalten gönnen</u>

Gerade, wenn Sie die Familie und der Job sehr stark vereinnahmen, sollten Sie sich Zeit für sich selbst nehmen und sich verwöhnen. Lassen Sie sich massieren, gehen Sie in die Sauna oder ziehen Sie sich an Ihren Lieblingsort zurück, um ein gutes Buch zu lesen oder einfach nur zu entspannen. Sie gönnen sich damit eine Auszeit von den Dingen, die Sie ständig fordern und finden Ruhe und Zeit für eine innere Einkehr. Sie gönnen sich diese Auszeit, weil Sie sich selbst als wertvoll erachten. Tragen Sie diesen Termin mit Ihnen selbst in den Kalender ein, damit er nicht in Vergessenheit gerät.

Ritual 2: <u>Immer wiederkehrende Zeiten für die Verwirklichung einplanen</u>

Jour fixe sind immer wiederkehrende Zeiten, die sich hervorragend dafür nutzen lassen, Ziele, Träume und Wünsche zu verwirklichen. Greifen Sie dabei zu den Dingen, die Sie immer wieder hintenanstellen. Betrachten Sie die Verwirklichung Ihrer Träume, Ideen und Ziele wie einen wichtigen Geschäftstermin, der keinen Aufschub erlaubt.

Damit ist der nächste Schritt zur Selbstverwirklichung nicht mehr aufschiebbar.

Ritual 3: <u>Verabreden Sie sich für ein Date mit sich selbst</u>

Damit erreichen Sie Fürsorge für Körper, Geist und Seele. Es gibt immer wieder Dinge, die Sie gerne machen und solche, die Sie vor sich herschieben. Der regelmäßige Gesundheitscheck beim Arzt ist kein angenehmer Termin, hat aber eine große Wichtigkeit für die Erhaltung Ihrer Gesundheit. Selbstfürsorge ist weitgefächert und umfasst nicht nur Entspannung und Auszeiten. Planen Sie in Ihrem Terminkalender auch Zeiten für die Selbstfürsorge ein. Sie lassen sich sehr gut in Genuss und gesundheitliche Vorsorge unterteilen. Indem Sie eine ausgeglichene Balance schaffen, können Sie sich jeden Tag auf das nächste Date mit sich selbst freuen.

Selbstliebe, positives Selbstwertgefühl und Selbstwertschätzung

Sie haben erfahren, welche engen Verstrickungen es zwischen Selbstliebe, Selbstachtung, Selbstwertschätzung, Selbstannahme, Selbstwert und Eigenakzeptanz gibt und wie elementar diese miteinander verbunden sind. Grundsätzlich besteht Ihre Persönlichkeit aus vielen Puzzleteilen, die Sie zusammenfügen. Bereits vorhandene Verbindungen werden durch neue ersetzt, weil Sie festgestellt haben, dass Ihnen diese nicht guttun.

Sie stoßen auf Fähigkeiten und Emotionen, von denen Sie nicht geglaubt haben, dass Sie diese besitzen. Indem Sie an sich selbst arbeiten, erlangen Sie neue Erkenntnisse und blicken mitunter in tiefe Abgründe. Doch hinter allen Erfahrungen und Herausforderungen verbirgt sich wieder ein Stück Ihrer selbst. Mit jedem weiteren Schritt lernen Sie Selbstliebe, Selbstwertschätzung, Selbstvertrauen, Akzeptanz, emotionale Stärke und erlangen ein unumstößliches Selbstwertgefühl.

Sie beschreiten genau den richtigen Weg, um Zufriedenheit zu erlangen, Herausforderungen anzunehmen und Dinge zu akzeptieren, die Sie nicht verändern können. Sie entschleunigen Ihr Leben und werden dadurch glücklicher.

Angelika Hornig

Chaos im Kopf

Buch 3

Mit Zeitmanagement, Selbstmanagement & Minimalismus mehr Kreativität,

Qualität & Zufriedenheit im Büro erlangen.

Ein Ratgeber für mehr Ordnung, Produktivität & Gelassenheit

Minimalismus und Zeitmanagement – sinnvolle Maßnahmen für ein glückliches und zufriedenes Leben?

Morgens nach dem Aufstehen wird ein Plan geschmiedet, welche Aufgaben am Tag erledigt werden müssen. Dabei spielt der Zeitfaktor eine sehr große Rolle, denn Sie müssen nicht nur den Arbeitsalltag, sondern auch die Freizeit so planen, dass Sie alles, was Sie sich für den Tag vorgenommen haben, auch erledigt bekommen. Im Job arbeiten Sie nach festen Vorgaben, die ein gutes Zeitmanagement erfordern. Allerdings gibt es immer wieder Eventualitäten, die die einkalkulierte Zeit beeinflussen und den kompletten Zeitplan durcheinanderbringen. Plötzlich hat der Tag zu wenige Stunden, um all die Dinge zu erledigen, die Sie sich vorgenommen haben. Bei jedem Blick auf die Uhr gibt es ein böses Erwachen.

Denn wieder ist eine Stunde vergangen, wo anscheinend nichts Produktives passiert ist, weil Sie von Ihrer täglichen Routine abberufen wurden, um an anderer Stelle eingesetzt zu werden.

Gleichermaßen gibt es im direkten Umfeld immer wieder genug Situationen, die für Ablenkungen sorgen und Sie von Ihrem Vorhaben abhalten. Das Smartphone empfängt gerade eine Nachricht, die unbedingt gelesen werden muss. Ein Kollege erzählt Ihnen von seinem gerade beendeten Urlaub, obwohl Sie gar keine Zeit haben, sich diese Geschichten anzuhören. Doch aus Höflichkeit fallen Sie ihm nicht ins Wort und hören geduldig seinem Bericht zu.

In der Freizeit sieht es ähnlich aus. Sie haben einen Haushalt, der erledigt werden muss. Dabei ist es nicht nur das Ordnungschaffen und Saubermachen in den eigenen vier Wänden. Der Kühlschrank ist leer und müsste unbedingt wieder aufgefüllt werden.

Im Badezimmer stapelt sich die schmutzige Wäsche und wartet darauf, gewaschen zu werden. Jeden Morgen erleben Sie das gleiche Spiel. Sie brauchen lange Zeit, um das Business-Outfit zusammenzustellen, weil nichts Passendes zum Anziehen zu finden ist, obwohl der Kleiderschrank überquillt. Zusätzlich haben Sie auch noch Hobbys, die Sie mit großer Leidenschaft durchführen.

Um all diese Dinge unter einen Hut zu bekommen, bedarf es einer guten Organisation der Zeit, die Ihnen jeden Tag zur Verfügung steht, damit kein Stress aufkommt. Dafür gibt es verschiedene Möglichkeiten, die Sie dabei unterstützen, Zeit sinnvoll und vernünftig zu verwalten. Zur Verfügung stehen Ihnen Terminkalender, Organizer und Planer. Allerdings sind diese Hilfsmittel nur wenig sinnvoll. Ein wichtiger Aspekt ist Achtsamkeit, damit Sie den Überblick behalten und sich auf das Wesentliche konzentrieren. Schauen Sie sich einmal in Ihrer direkten Umgebung um.

Dort finden Sie mit Sicherheit viele Aspekte, die Ihnen Zeit stehlen.

Sie bereichern weder Ihr Leben noch sind Sie wirklich sinnvoll. Schaffen Sie Freiräume und Platz zum Atmen. Damit erreichen Sie mehr Zufriedenheit und ein gutes Gefühl. Ist Minimalismus und Zeitmanagement die Lösung? Lassen Sie uns einmal einen genaueren Blick darauf werfen und schauen, was sich dahinter wirklich verbirgt und praktikabel ist.

Raumpsychologie: Was Ihr Arbeitsplatz und Ihr Zuhause über Sie verrät

Auf Ihrem Schreibtisch befinden sich Stapel von Akten, der Monitor ist voll gepflastert mit Post-its und an den Wänden hängen jede Menge Fotos von eskalierten Partys. Ein Blick auf den Arbeitsplatz in Ihrem Büro ergibt ein klares Bild von Ihrer Arbeitsweise, Motivation und Persönlichkeit. Der Psychotherapeut Paul Watzlawick hat es damit auf den Punkt gebracht. Er sagt, „dass Sie Ihr Büro nicht davon abhalten können, zu kommunizieren…"

Die Aspekte der Raumpsychologie zeigen dem Betrachter bewusst oder unbewusst, in einem Bruchteil von Sekunden, wie es um den Bewohner des Büros bestellt ist, wenn der Raum betreten wird. Der US-amerikanische Psychologe Samuel Gosling führte mit Probanden einen Versuch durch, indem er die Teilnehmer in Büros von fremden Menschen schickte, um anschließend eine Einschätzung des Charakters der dort arbeitenden Person vorzunehmen. Die Aussagen kamen der Realität sehr nahe.

Die Beurteilung der Probanden erfolgte nur aufgrund der Drehsessel, Kaffeebecher und Stapel von Papier und nicht anhand der besten Freunde. Bei Gosling stellt sich nach zehn Jahren Forschungsarbeit folgende Überzeugung ein:

Zitat:

*„Die Art, wie wir unsere
Umgebung gestalten, spiegelt
unser Inneres wider."*

Die banalen Botschaften, die dabei übermittelt werden, haben einen fundamentalen Charakter:

- Durch Bücher im Regal wird der Bewohner als gebildet, belesen, smart und weise beurteilt, auch wenn keiner der Bände gelesen wurde.
- Hängen an der Wand Kunstwerke von angesagten Künstlern, kommt es zu der Beurteilung, dass dieser Mensch kreativer ist und mehr Freude am Leben hat, als der Bewohner des Nachbarzimmers.
- Der imposante Schreibtischstuhl vermittelt den Eindruck von Macht.
- Und diejenigen, die den Laptop, die Uhr, den Terminkalender und das Telefon immer im Auge haben, wirken hervorragend organisiert, aber nur, wenn auch daran gedacht wird, Termin und Aufgaben in den gut sichtbaren Organizer aufzunehmen.

Zusammengefasst:

Die Gewissenhaftigkeit, Motivation, Organisation, Leidenschaft zur Arbeit und Einstellung eines Menschen zum Arbeitgeber wird im Arbeitsumfeld deutlich sichtbar und genau das lässt sich auch auf die eigene Wohnung und das Privatleben transformieren. Voll gepflasterte Wände mit Fotos von Partys, der letzten Kegeltour zum Ballermann oder eine Voodoo-Puppe, die große Ähnlichkeit dem Teamleiter oder Chef hat, zeugt von wenig Diskretion oder Loyalität. Genauso drückt eine Sammlung von Spielzeug aus Überraschungseiern aus, dass hier in diesem Büro ein Eierkopf arbeitet.

Nutzen Sie Ihr Arbeitsumfeld als richtige Kulisse, indem Sie subtile Hinweise wie Bilder, Bücher und Boards verwenden, um ein perfektes Bühnenbild zu erzeugen. Damit schaffen Sie es, der Karriere einen Schub nach vorne zu geben. Eine Aussage der Verhaltenspsychologin Donna Dawson besagt beispielsweise:

Zitat:

„Sobald jemand verstanden hat, dass er den Eindruck, den sein Büro hinterlässt, auch manipulieren kann, kann er die richtige Botschaft senden, die über das hinausgehen, was er tatsächlich ist."

Fast 90 Prozent der Arbeitnehmer in den USA personalisieren den eigenen Arbeitsplatz oder das Büro. Herausgefunden wurde dieses mit Raumpsychologie-Untersuchungen, die von der Eastern Kentucky Universität durchgeführt wurden. Auch wenn es keine ähnlichen Studien für Deutschland gibt, dürfte das Ergebnis vergleichbar ausfallen.

- In vielen Fällen wird die Dekoration für zusätzlichen Komfort genutzt. Die meisten Arbeitnehmer fühlen sich automatisch wohler am Arbeitsplatz, wenn sie vertraute

Dinge um sich haben. Vielfach stellt sich dadurch auch eine höhere Produktivität ein.

- Gleichzeitig dienen die persönlichen Dinge dazu, das eigene Territorium zu markieren und abzustecken. Wer diesen Raum betritt, befindet sich im privaten Schutzbereich der Person.

Es gibt zwei grundsätzliche Objekttypen, die in jedem Raum enthalten sind. Laut Gosling sind das:

- **Identitätskörper** wie beispielsweise Bilder, Trophäen und Schmuckstücke, die durch den Bewohner des Raums bewusst aufgestellt oder aufgehängt wurden, um sich selbst auszudrücken und
- **Verhaltensrückstände**, mit denen der Betrachter unbewusst Rückschlüsse auf den Charakter zieht.

Dazu gehören etwa Tischkalender, vollgekritzelte Schreibunterlagen, Zettel und die Unordnung im Arbeitsumfeld.

Die persönliche Gestaltung des Büros und des Arbeitsplatzes lässt anhand des Ausmaßes tiefe Rückschlüsse zu. Arbeitnehmer, die den Arbeitsplatz extrem wohnlich gestalten, haben ein großes Wohlfühlbedürfnis. Die Raumgestaltung gibt ihnen das Gefühl, am Arbeitsplatz zu Hause zu sein. Ein Bücherregal mit Lexika und Fachliteratur zeigt Fachwissen, ohne aufdringlich zu wirken. Den gleichen Effekt haben Auszeichnungen, eine Kartografie der Welt und das Logo der Firma, wenn die Person, die das Büro bewohnt, den Anspruch auch erfüllen kann. Wenn das Unternehmen beispielsweise nur ins Nachbarland expandiert hat, sollte sich keine Weltkarte ins Büro gehängt werden.

Was die Ausstattung des Büros und Zuhauses über Sie verrät

Die Ausstattung Ihres Büros und Ihrer Wohnung lässt sehr tief blicken. Darum sollten Sie bei der Gestaltung auf unterschiedliche Optionen achten, die mitunter von Minimalismus gekennzeichnet sind.

1. Viel Raum und Fläche zeigen, dass die Person, die in diesem Zimmer oder der Wohnung lebt, wichtig ist. Das bezieht sich auch auf die Höhe der Decke, die den Status beeinflusst. Durch freie Flächen und Luft nach oben wird die Ideenfindung sogar begünstigt. Das sagen zumindest die US-amerikanischen Psychologen Juliet Zhu und Joan Meyers-Levy. Ihre Annahme bezieht sich allerdings auf Freiarbeit, wo die Gedanken fließen. Geht es aber um konkrete Innovationen, sollen kleinere Räume mit niedrigen Decken zielführender sein.

2. Einmal in Büros von Managern geschaut, finden Sie dort oftmals sehr abstrakte Bilder der zeitgenössischen Kunst. Sie demonstrieren frisches Denken, Dynamik und Offenheit.

In Büros eines mittelständigen Unternehmens finden Sie auch oftmals Ahnenporträts an den Wänden des Chefbüros. Damit soll Tradition und Verlässlichkeit ausgedrückt werden. Schmuck an den Wänden erzeugt den passenden Hintergrund und wirkt im größeren Rahmen sogar elitär. Wenn der Stil der Etage des Ziels angepasst ist, wird deutlich, in welcher Etage der Hierarchie die Person sich selber sieht. Eine eigene Form der Raumgestaltung ist aber auch wählbar, weil damit Kreativität und Individualismus unterstrichen werden. Dabei sollte dezent vorgegangen werden. Hängt in Ihrem Büro ein teureres Bild als beim Chef, wird das schnell als Fehltritt gegen geltende Normen gewertet. Sofort kommt der Gedanke auf, dass Sie ein Querulant oder Angeber sind.

3. Bücher und Fachliteratur wirken auf andere positiv. Denn damit wird demonstriert, was Sie beschäftigt und interessiert. Fachliteratur und Fachzeitschriften vermitteln, dass Sie Expertenwissen haben. Einen kreativen Charakter symbolisieren Kunstbücher und Prosa. Fachliteratur bekommt eine perfekte Ergänzung mit Biografien von interessanten Persönlichkeiten sowie aussagekräftigen Bildbänden und verhindert, dass Sie als Fachidiot gesehen werden.

4. Aktenordner sind oberflächlich betrachtet, das Symbol für Struktur, gute Selbstorganisation und Ordnung. Indem eine ordentliche und lesbare Beschriftung auf den Rücken aufgebracht wird, entsteht ein Prestigeschub, denn es wird die Botschaft vermittelt, dass in diesem Büro jemand arbeitet, der Verantwortung und einen guten Überblick hat.

5. Bei Accessoires entscheidet die Summe der Dinge, die in einem Büro herumstehen.

Kleiner Krimskrams wirkt schnell unorganisiert, unordentlich und ohne jeglichen Fokus. Werden allerdings ausdrucksstarke Skulpturen von einer Reise nach Fernost als Accessoire verwendet, zeigt Neugier, Abenteuerlust und Weltoffenheit. Wichtig ist dabei, dass nur Originale diesen Effekt erzeugen, die eine Geschichte zu berichten haben und nicht die Deko-Artikel, die es in Möbelhäusern zu kaufen gibt.

6. Pflanzen im Büro vermitteln Wachstum und Sorgfalt, bringen Loyalität zum Ausdruck und zeigen, dass der Mitarbeiter länger dem Unternehmen treu bleiben wird. Er fühlt sich wohl und schlägt Wurzel. Einen wachen Geist vermitteln aber nicht die typischen Sekretärinnenpflanzen wie Gummibaum oder Monstera. Sie sind das Sinnbild für Verwaltungsbüros in Behörden und zeigen Ideenlosigkeit.

7. Die beste Projektionsfläche, die das meiste über den Büroinsassen verrät, ist der Schreibtisch. Besucher nehmen sehr schnell wahr, ob in diesem Raum ein Pedant, Chaot oder Nerd haust. So lässt sich Planlosigkeit und fehlende Achtsamkeit schnell daran erkennen, wenn der Tischkalender immer noch den vergangenen Monat zeigt, obwohl der neue Monat schon fast wieder vorbei ist. Das Gleiche gilt für Billigstifte mit Kundenlogo und Kränze der Kaffeetasse auf der Tischplatte. Utensilien sollten mit Bedacht gewählt werden, um einen guten Eindruck zu erzeugen. Wertorientierung und Wohlstand drücken teure Schreibgeräte, hochwertige Schreibunterlagen und ein geschmackvolles Smartphone aus, wenn alles zusammenpasst und Harmonie darstellt.

8. Überall, wo Sie sich bewegen, ob im Büro oder in Ihrem Zuhause, befinden sich diese kleinen gelben Haftnotizen. Das zeigt Überforderung, schlechte Organisation, falsches Selbstmanagement und Chaos.

9. Schauen Sie sich einmal genauer in Ihrem Zuhause oder auf dem Arbeitsplatz im eigenen Büro um. Was fällt Ihnen dort auf? Hier steht ein kleiner Beistelltisch, der nur als Ablage dient, weil der Schreibtisch zu voll ist. In Ihrer Küche sind die Arbeitsplatten komplett vollgestellt. Wenn Sie plötzlich Besuch bekommen, müssen Sie erst Platz auf dem Esstisch schaffen, um gemütlich zu sitzen und eine Tasse Kaffee zu trinken.

Der eigene Kleiderschrank platzt aus allen Nähten und Sie haben bereits den kompletten Überblick verloren. Kreativität und Dynamik lassen sich mit individuellen Dingen ausdrücken. Setzen Sie bei der Gestaltung der Räume Akzente und trennen Sie sich von Dingen, die die Zimmer überladen und nicht wirklich wichtig sind.

Das Zauberwort lautet **Minimalismus**. Alles andere wirkt aufdringlich und deutet darauf hin, dass Sie die Kontrolle verloren haben.

Wie Sie Ihr Büro gestalten, lässt große Rückschlüsse zu, wie es bei Ihnen privat läuft und wie es in Ihrem eigenen Zuhause aussieht.

Die Beurteilung und Einschätzung durch andere Menschen lassen sich aber beeinflussen, indem Sie Ihr Selbstmanagement überdenken, sich neu organisieren, endlich Ordnung schaffen und Ihre Umgebung, egal, ob die Arbeit oder privat, genau auf ein gut getaktetes Zeitmanagement auslegen. Dazu gehört auch das Überdenken von Routinen und Zeitfressern.

Routinen – und täglich grüßt das Murmeltier

Manchmal stellt sich einem die Frage, ob Routinen „Kunst“ sind oder wegkönnen. Sie begegnen Ihnen nicht nur in der Arbeitswelt, sondern auch im Privatleben und sie bestimmen viele Abläufe, die immer und immer wieder nach dem gleichen Schema durchgeführt werden. Sie durchlaufen unterschiedliche Lebenssituationen, wie durch den Autopiloten gesteuert. Es gibt aber auch eine andere Seite, die Routinen mit sich bringen, die sich sehr vorteilhaft darstellen, wenn ein gutes Selbstmanagement dahintersteckt.

Routine kann mit „Erfahren in Abläufen“ gleichgesetzt werden. Das Wort stammt aus dem Französischen und bedeutet nichts anderes als „Wegerfahrung“. Es sind die Fähigkeiten, die Sie sich angeeignet haben und immer wiederholen. Dadurch stellt sich ein hohes Maß an Sicherheit ein und genau dieses sichere Gefühl erlaubt

Ihnen, Aufgaben und Dinge schneller zu erledigen. Routinen werden aber auch als negative Eigenschaften interpretiert, wenn es sich dabei um sogenannte blinde Gewohnheiten handelt.

Selbst wenn die Aufgaben technisch einwandfrei und perfekt ablaufen, ist das Ausüben von wenig Motivation und Enthusiasmus geprägt. Für Routine werden folgende Synonyme genutzt:

- Fertigkeit
- Gewandtheit
- Know-how
- Vertrautheit
- Automatismus
- Erfahrung
- Tretmühle
- Alltagstrott

Routinen finden Sie nicht nur im Arbeitsleben, sondern auch in der Freizeit. Wer Sonntagnachmittag um eine bestimmte Uhrzeit Kaffee trinkt und dazu ein Stück selbstgebackenen Kuchen isst, hat dieses zur Routine gemacht und empfindet das als angenehm. Wenn aus Routinen Gewohnheiten werden, die Sie behindern, kann das kritisch werden. Doch wie sehen gute und schlechte Routinen aus?

Schlechte Routinen sind beispielsweise:

- nach der Arbeit direkt auf das Sofa
- Süßigkeiten beim Fernsehen naschen
- eine Zigarette nach dem Essen rauchen
- sofort auf das Smartphone schauen, wenn ein akustisches Signal ertönt
- ohne Frühstück aus dem Haus gehen

Gute Routinen sind beispielsweise:

- nach der Arbeit regelmäßig trainieren gehen
- gut frühstücken nach dem Aufstehen
- am Sonntag die neue Woche planen
- To-do-Listen erstellen und damit arbeiten
- Zeit optimal organisieren

Viele Gewohnheiten lassen sich nur schwer verändern. Allerdings können Sie sich Gewohnheiten aneignen, um schlechte Gewohnheiten ins Positive zu wenden. Damit das gelingt, müssen Sie aber zuerst einmal wissen, wie Routinen überhaupt entstehen. Sie entstehen daraus, dass Ihr Verhalten in bestimmten Situationen immer nach dem gleichen Schema abläuft. Das beginnt schon beim morgendlichen Aufstehen, dem Weg zur Arbeit, bei der Anwesenheitserfassung durch das vorhandene System, dem Hochfahren des Rechners und dem anschließenden Gang in die Küche, um einen Kaffee zu holen. Nichts davon ist mit großer Anstrengung oder Zeitaufwand verbunden, weil Sie die Aufgaben und Handgriffe schon so viele Male wiederholt haben.

Für diese Routinen gibt es Trigger, bestimmte Auslöser, wie das morgendliche Klingeln des Weckers, der Sie daran erinnert, dass Sie jetzt aufstehen müssen.

Den gleichen Effekt löst das Smartphone durch Push-Benachrichtigungen aus. Damit werden Sie aufgefordert, sofort nachzuschauen und zu überprüfen, was für Nachrichten eingegangen sind. Die Trigger rufen Handlungen hervor, die Sie dazu veranlassen, aktiv zu werden und eine Belohnung zu erhalten. Dieser Kreislauf endet darin, dass Sie die jeweilige Handlung zur Gewohnheit machen.

Routinen: Vor- und Nachteile

Vorteile:

+ Der Tag bekommt eine Struktur, wodurch eine bessere Organisation entsteht.
+ Es stellt sich eine Ersparnis an Zeit und Energie ein, da nicht ständig neue Entscheidungen getroffen werden müssen.
+ Mit Routinen lässt sich Qualität garantieren.
+ Sie bieten ein angenehm sicheres Gefühl.

Manifestierte Gewohnheiten bei Arbeitsabläufen geben Ihnen die Gewissheit, dass Sie an einem bestimmten Ort auf eine bestimmte Qualität treffen. Auch in der Medizin oder bei Rettungsdiensten sind Routinen wichtig, da diese Leben retten. Sie möchten sich doch sicherlich nicht von einem Arzt behandeln lassen, der keine Routine hat? Genauso müssen alle Handgriffe bei Feuerwehr und Rettungssanitätern sitzen.

Mit routinierten Abläufen ist daher sichergestellt, dass Chaos vermieden wird. Zudem führen Routinen dazu, dass Sie sicher alle Aufgaben im Leben bewältigen können. Fehlt es an Routine, wird die Aufgabe schnell zur großen Herausforderung und kann dazu führen, dass Sie überfordert sind. Dementsprechend halten Routinen Stress auf einem gesunden Level.

Nachteile:

- Da Routinen mitunter ermüdend wirken, stellt sich Unachtsamkeit ein, wodurch Fehler auftreten können.
- Es stellt sich eine Vorhersehbarkeit bei Abläufen ein.
- Körperliche Arbeit kann zu gesundheitlichen Beeinträchtigungen führen, weil durch Routinen immer eine einseitige Belastung erfolgt.
- Es fehlt an Flexibilität, wenn sich unvorhersehbare Veränderungen einstellen.

Begeisterte Anhänger von Routinen nutzen die Vorzüge

Nicht nur Freud und Mozart haben die Vorzüge von Routinen erkannt. In der Gegenwart gibt es auch Menschen, die begeisterte Anhänger von Routinen sind und die Vorteile nutzen. Beispielsweise Barack Obama soll einmal gesagt haben, dass er nur zu blauen oder schwarzen Anzügen greift, weil damit eine einfachere Entscheidungsmöglichkeit bereitgestellt wird. Mark Zuckerberg, der Facebook-Gründer, macht es ähnlich, indem er nur graue Shirts trägt. Gegen Zeitverschwendung kommt Minimalismus zum Einsatz, da es bereits zu oft Situationen gegeben hat, wo keine Entscheidung getroffen werden wollte oder konnte.

Diese Menschen haben die Entscheidung bewusst getroffen, eine freiwillige Einschränkung bei der Wahl vorzunehmen. Die Konsequenz daraus sind bestimmte Routinen. Es wird beispielsweise bei festlichen Anlässen der schwarze Anzug aus dem Schrank geholt und der Blaue für alle anderen Anlässe. Das Leben wird deutlich einfacher, weil Sie keine Zeit und Energie mehr für unwichtige Dinge verschwenden.

Wenn Sie planlos durchs Leben laufen und sich nicht auf das Wesentliche beschränken, finden Sie schnell Vermeidungsstrategien und verhindern damit, Dinge in den Fokus zu stellen, die Sie weiterbringen können. Denn Sie müssen sich nicht mehr mit schwer zu ertragenden Fragestellungen beschäftigen. Anstelle davon entscheiden Sie, dass Sie dreimal in der Woche trainieren gehen, samstags für 90 Minuten die Fremdsprachenkenntnisse aufbessern oder eine Weiterbildung einplanen, die Sie schon immer machen wollten.

Punkte, mit denen Sie in Ihrem Leben nicht zufrieden sind, mit denen Sie sich eigentlich auseinandersetzen mussten, zeigen Ihnen, ob Sie die Prioritäten richtig gesetzt haben.

Antworten auf diese Fragen finden Sie durch Achtsamkeit und Selbstreflexion. Wenn einige Dinge anders laufen als gewünscht, ist die Konsequenz daraus, dass sich in Ihrem Leben etwas ändern muss. Sie können eine Neukonditionierung vornehmen in Bezug auf die Neuorientierung im Job, bei einer Umstellung der Ernährung und vielen weiteren Dingen, wenn Sie das wirklich wollen.

Dagegen steht der innere Schweinehund, der sich nicht an Regeln hält, die Sie für ein Umdenken, neue Routinen und eine Neuorientierung festgelegt haben. Allerdings schaffen Sie mit selbstgewählten Gewohnheiten eine strukturierte Vorgehensweise. Sie erreichen damit, dass diese Ihnen gerade in Stresssituationen nützlich sind. Damit gelingt es Ihnen, in Zukunft langfristig gesetzte Ziele besser zu erreichen als ohne Sinn und Verstand die Sache anzupacken.

Selbst, wenn Ihnen klar wird, dass die spezielle Routine gar nicht mit den eigenen Bedürfnissen konform geht, haben Sie trotzdem den richtigen Weg gewählt, da Sie immer noch Anpassungen vornehmen können. Darum sollten Sie unbedingt hilfreiche Routinen herauskristallisieren und diese in Ihrem Leben fest verankern.

Zeitplanung mit Sinn und Verstand

Zeit gibt es leider nur in einem begrenzten Rahmen und damit ist sie mit einem Verfallsdatum versehen. Denn Sie können die Zeit weder anhalten, einfrieren, abspeichern, noch konvertieren, um die Kapazitäten an anderer Stelle zu verwenden. Sie verrinnt ganz heimlich und plötzlich stellen Sie fest, dass Sie nicht mehr genug davon haben, um die geplanten Dinge zu bewältigen. Jetzt ist der Zeitpunkt gekommen, die kostbare Ressource „Zeit“ besser einzuteilen.

Bewerkstelligen lässt sich ein gutes Zeitmanagement mit Strategien. Dazu müssen Sie allerdings wissen, wo Ihre Prioritäten liegen und welche Ziele Sie verfolgen. Grundsätzlich gilt, dass Zeit unterschiedlich wahrgenommen wird. Faktisch gesehen stehen jedem Menschen pro Tag 24 Stunden zur Verfügung, die er verplanen kann. Aber subjektiv betrachtet empfindet jeder Mensch die Zeit anders, weil diese Empfindung von den Prioritäten und dem Menschentyp abhängig ist. So gibt es Zeitgenossen, die gerne länger schlafen und später zur Arbeit gehen sowie solche, die früh aufstehen und ihr Tagwerk beginnen, um nachmittags Zeit für die Familie oder Hobbys zu haben. Für eine sinnvolle Nutzung der zur Verfügung stehenden Ressourcen müssen Sie sich vorrangig klar darüber werden, wo die eigenen Prioritäten und Ziele liegen. Denn das Zeitmanagement ist ein gutes Mittel zur Zielerreichung.

Ohne Ziele ist keine sinnvolle Zeiteinteilung möglich. Doch wenn Sie Ihre Ziele kennen, können Sie individuell Kräfte und die vorhandenen Ressourcen schwerpunktmäßig verteilen und auf die wichtigsten Dinge konzentrieren. Bei Ihrer Auswahl der Ziele ist wichtig, dass diese im gesteckten Zeitfenster erreichbar sind. Dieses dient gleichzeitig zum eigenen Ansporn und zur Überwindung des inneren Schweinehundes. Daher sollten Sie bei Ihrer Zielsetzung Etappenziele verwenden, um das weit gesteckte Ziel zu erreichen.

Die Etappenziele geben Ihnen Selbstvertrauen und bescheren ein Erfolgserlebnis. Gleichzeitig gehen Sie mit großen Schritten Ihrem Fernziel entgegen, was Sie wiederum motiviert und gleichzeitig eine höhere Zugkraft bereitstellt. Sie gehen mit einer deutlich höheren Gelassenheit und Entspanntheit an die Aufgaben heran und lassen Stress erst gar nicht aufkommen.

Zeitmanagement – methodische und strategische Planung

Wenn für Sie alle wichtigen Dinge im Leben geklärt sind, beginnt die Planung Ihrer ganz eigenen Zeitplanung und Sie nutzen Ihre Ressourcen sinnvoll. Eine unerlässliche Voraussetzung dafür ist die optimale Priorisierung von wichtigen Tätigkeiten und Aufgaben. Eine gute Methode des Zeitmanagements beruht auf dem Eisenhower-Prinzip, wo Aufgaben Prioritäten zugeordnet werden. Grundlage des Prinzips ist, dass es für alle Aufgaben vier Kategorien und drei Prioritäten gibt.

Ihre Planung beginnt mit einer systematischen Vorbereitung. Ziel ist dabei, das Optimum aus der Zeit herauszuholen, welche Ihnen zur Verfügung steht, um das Ziel zu erreichen. Daher ist von großer Bedeutung, dass Sie einschätzen können, wie viel Zeit Sie benötigen, um die Aufgabe zu bewältigen. Vergessen Sie nicht Ihre Motivation.

Denn für Dinge, die Sie nicht gerne machen, brauchen Sie einen höheren Zeitaufwand, der sich aber kompensieren lässt, wenn Sie sich anschließend belohnen. Bei der Bewertung Ihrer einzelnen Aufgaben liegt die Einschätzung darauf, die Tätigkeiten in sehr wichtig, wichtig und weniger wichtig zu strukturieren. Im Job bedeutet dieses, die eigenen Ressourcen optimal zu planen und weniger wichtige Aufgaben an Mitarbeiter abzugeben, wenn dieses möglich ist. Beim Eisenhower-Prinzip sieht die Priorisierung der Aufgaben folgendermaßen aus:

Eine Aufgabe ist dringlich und wichtig, wenn sie termingebunden ist oder ein persönliches Ziel dahintersteckt. Daher werden alle verfügbaren Ressourcen im vollen Umfang bereitgestellt, um die Aufgabe zu erfüllen und das Ziel zu erreichen. Sie steht daher in der Prioritätenliste auf dem ersten Platz. Ist eine Aufgabe dringend, aber nicht sofort zu erledigen, rückt sie automatisch auf der Prioritätenliste an die zweite Stelle.

Eine Terminierung für die Erledigung sollte durchgeführt werden, um festzulegen, wann die Aufgabe erledigt sein muss. Damit rückt sie nach der Erledigung der dringlichen und wichtigen Aufgaben an erste Stelle. Dringende Aufgaben, die aber nicht relevant sind, gehören an die dritte Position auf der Prioritätenliste.

Diese kannst Du anschließend erledigen, wenn alles Wichtige abgearbeitet ist. Zum guten Schluss gibt es auch Aufgaben, die weder wichtig noch dringend sind. Damit brauchen Sie sich gar nicht aufzuhalten oder zu beschäftigen. Die dafür genutzte Zeit lässt sich deutlich sinnvoller planen. Bei der Planung und Organisation lohnt es sich, eine Liste zu verwenden, wo Sie eine Aufgabenbewertung vornehmen, um das Zeitmanagement optimal zu gestalten. Das Wichtig-Dringlich-Portfolio dient zur Einteilung der Aufgaben in unterschiedliche Wichtigkeits- und Dringlichkeitsstufen und ist eine optimale Entscheidungshilfe bei der Zeiteinteilung.

Dabei zeigt sich schnell, was wirklich hohe Wichtigkeit hat und wie viel Zeit dafür aufgewendet werden darf. Die Liste verfügt über unterschiedliche Spalten. In die erste Spalte tragen Sie alle Dinge ein, die sofort erledigt werden müssen. In der zweiten Spalte führen Sie Punkte auf, wo ein Termin gesetzt wird, bis zu welchem Zeitpunkt die Aufgabe erledigt sein muss. Dabei sollten Sie allerdings realistisch bleiben.

Denn es nützt Ihnen nichts, wenn Sie dort eintragen: "bis morgen zu erledigen", wenn für die Aufgabe ein längerer Zeitraum bereitsteht. Wählen Sie lieber einen Zeitpunkt, der weiter in der Zukunft liegt, gerade, wenn viele Aufgaben sofort erledigt werden müssen. In der letzten Spalte der Liste führen Sie Dinge auf, die Sie nicht unter Zeitdruck setzen, weil zurzeit keine besondere Priorität vorliegt, unwichtig oder nicht dringend sind. Eine Beschäftigung mit diesen Aufgaben raubt Ihnen nur kostbare Zeit, die Sie deutlich sinnvoller nutzen können.

Gestalten Sie eine solche Liste für Ihren Arbeitsalltag, darf natürlich die Spalte „Delegieren“ nicht fehlen. Hier gehören alle Aufgaben hinein, die auch andere für Sie erledigen können, auch wenn es noch keine konkrete Lösung gibt. Denn wer letztendlich die Aufgabe erledigt, ergibt sich beim Nachdenken und der Ausgestaltung. Feintuning bei wichtigen und dringenden Aufgaben ist besonders wichtig, wenn plötzlich enorme Zeitressourcen durch eine unerwartete, hohe Arbeitslast benötigt werden. Für die Feinplanung erstellen Sie eine To-Do-Liste, in der Sie Verantwortlichkeiten festlegen.

Anschließend machen Sie sich darüber Gedanken, wie viel Zeit für die Erledigung aufgewendet werden muss. Dabei sollten Sie kurzfristig zu erledigende Aufgaben, Störungen und Unterbrechungen mit einplanen. Eine praktische Hilfestellung für die optimale Zeitplanung von Aufgaben ist die ALPEN-Methode nach Lothar J. Seiwert. Sie umfasst folgende Elemente:

1. Aufgaben aufschreiben
2. Einschätzung der Dauer für die Bearbeitung
3. Einplanung von Pufferzeiten
4. Entscheidungen nach Priorität fällen
5. Abschließende Kontrolle des Zeitmanagements.

Ein praktisches Tool für das Zeitmanagement ist zudem die ABC-Analyse, mit der Sie einen genauen Überblick über die Ist-Situation bekommen. Denn sie zeigt Ihnen, wie es mit dem Verhältnis zwischen Aufwand und Ertrag bzw. Ergebnis aussieht. Die Verwendung der Analyse gestaltet sich sehr schnell und unkompliziert. Als Erstes tragen Sie Ihre Aufgaben mit Zeitfenster für die Erledigung in die Liste unter dem passenden Buchstaben ein.

Dabei steht A für sehr wichtig, B für wichtig und C für Routineaufgaben und Kleinkram. Anschließend addieren Sie die Zeiten in jeder Spalte, um anschließend 3 Zeitsummen zu erhalten.

Wenn das Zeitmanagement optimal organisiert ist, verwenden Sie 65 % der Zeit für sehr wichtige Aufgaben, 20% für wichtige Aufgaben und 15 % für Routinearbeiten und Kleinkram.

Zeitmanagement gleich Selbstmanagement

Um ein ordentliches Zeitmanagement zu erreichen, müssen Sie über ein perfektes Selbstmanagement verfügen. Wenn dieses nicht vorhanden ist, fühlen Sie sich überlastet, am Ende Ihrer Kräfte und sind völlig gestresst und genervt. Sie haben das Gefühl, dass der Tag zu wenige Stunden hat, um alle Aufgaben in der regulären Zeit zu bewältigen. Es stehen Überstunden an. Im Privatleben führt es dazu, dass Sie keine Zeit mehr für Familie, Freunde, Hobbys und Erholung haben, weil immer noch irgendwo Aufgaben und Arbeit auf Sie warten. Selbst die täglichen Routinen im Haushalt bleiben auf der Strecke.

Wenn Sie den zahlreichen Ratgebern Glauben schenken, helfen Ihnen ein richtiges Zeitmanagement bei der Optimierung der Zeitplanung. Das ist ein Irrtum! Denn das Schlüsselwort heißt „Selbstmanagement“. Dieses begründet sich darauf, dass gut organisierte Personen ihre Zeit sinnvoll und optimal nutzen, um viele Aufgaben am Tag zu erledigen. Zeit richtig organisieren beschreibt die Kunst, vorhandene Planungsmöglichkeiten optimal zu nutzen. Zeit läuft niemals schneller oder langsamer, sondern immer gleich. Jeder Tag hat nur 24 Stunden, ganz gleich, ob die Zeit streng gemanagt wird oder nicht. Dieses ist grundsätzlich sehr gerecht. Allerdings sollte nicht verleugnet werden, dass es Personen gibt, die mit der Planung und Organisation ihres Tages ein echtes Problem haben.

Sie lassen sich ablenken, schieben Arbeiten vor sich her und haben am Ende des Tages nichts vorzuweisen. Stress und große Unzufriedenheit stellen sich ein.

Grundlegend definiert der Begriff Zeitmanagement nicht den Hauptaspekt der vorliegenden Problematik, da es nicht ausschlaggebend ist, ein gutes Management für die eigene Zeit zu haben.

Viel wichtiger ist eine Optimierung der Art und Weise, wie gearbeitet wird. Um den Arbeitsalltag besser im Griff zu haben, sollte daher über das Selbstmanagement nachgedacht werden. Selbstmanagement hat erste Priorität. Dabei wird der Arbeitsalltag, genauso wie die private Zeit, bewusst und sinnvoll, mit minimalem Aufwand gestaltet. Dieses gelingt Ihnen mit einer guten Planung, durchdachten Organisation und einer exakten Zielsetzung. Im konkreten Fall bedeutet dieses, sich selbst besser organisieren, sich morgens bereits einen Überblick zu verschaffen und Aufgaben des Tages zu planen.

Dabei setzen Sie Prioritäten in Bezug auf die Dringlichkeit. Wichtig ist, dass Sie den ganzen Tag über motiviert bleiben, um das gesetzte Ziel zu erreichen. Motivation erlangen Sie mit Belohnungen für die erbrachten Leistungen.

Der Kern des Selbstmanagements besteht darin, bessere Entscheidungen zu treffen. Das ist allerdings harte Arbeit. Denn täglich treffen Sie rund 20.000 unterschiedliche Entscheidungen, die meisten davon innerhalb von Sekunden. Diese kurze Zeitspanne macht es nicht gerade leichter, sondern hat auch ihre Tücken.

Hauptsächlich im Job gibt es immer wieder Situationen, wo Sie blitzschnell reagieren müssen. Dabei stehen Sie in 60 Prozent aller Fälle unter großem Zeitdruck, was keine gute Voraussetzung ist. Wer viel Entscheidungen trifft, belastet den Denkapparat bis aufs Äußerste und verliert schnell den Überblick über das eigene Zeitmanagement. Ein weiterer Faktor, der das Selbstmanagement und damit das Zeitmanagement beeinflusst, ist das Problem, Entscheidungen zu treffen. Denn der Mensch neigt dazu, sich selbst zu betrügen. Allerdings gibt es dafür eine Art Schutzmechanismus. Das ist der Instinkt. Aufgefallen ist das dem US-Neurophysiologen Benjamin Libet vor über 20 Jahren.

Denn er stellte bei Untersuchungen fest, dass das menschliche Gehirn vor der eigentlichen Entscheidung etliche Sekunden mit dem Denkprozess beginnt. Die Entdeckung führte zu großen Debatten, die sich faktisch mit der Freiheit des Willens auseinandergesetzt wird. Denn bevor der Mensch bewusst handelt, ist womöglich schon eine Entscheidung gefallen. Ein gutes Beispiel aus dem normalen Leben ist eine Flirt-Situation.

Weil Sie sich extrem von Ihrem attraktiven Gegenüber angezogen fühlen, würden Sie ihn gerne ansprechen. Doch gleichzeitig verspüren Sie Angst vor Ablehnung. In Ihrem Kopf laufen zwei Prozesse parallel ab. Es kommt zu einer Gegenüberstellung der Gefahren und Vorteile, die diese Entscheidung mit sich bringt. So treffen rationale und emotionale Denkvorgänge aufeinander. Wichtig ist dabei, dass die emotionalen Reaktionen fast doppelt so schnell erfolgen wie die rationalen.

In Millisekunden wird der Impuls ausgelöst „Das willst Du“ oder „Das willst Du nicht“. Kurze Zeit darauf setzt der Verstand ein und beginnt zu rationalisieren, kalkulieren und zu verifizieren. Im weiten Kosmos des Denkens ist zu diesem Zeitpunkt die erfolgte Wahl bereits Vergangenheit. Der Verstand übernimmt die Aufgabe des Suggerierens.

Daher versuchen Sie Entscheidungen auch immer zu begründen. Ein gutes Beispiel dafür ist: „Das eine Stück Schokolade schadet nicht, weil heute Abend sowieso Sport gemacht wird.“ Solche Denkweisen beruhen häufig auf dem tief verwurzelten Bedürfnis, recht haben zu wollen, was mit Selbstbetrug gleichzusetzen ist. Auf diese Denkweisen stoßen Sie in allen Bereichen des Lebens. Sie gelten für alle Entscheidungen, die Sie im Job und im Privaten treffen und haben damit großen Einfluss auf das Zeitmanagement bzw. Selbstmanagement. Diese Wirkung sollte Ihnen bewusst sein.

Denn das Wissen darum hilft Ihnen, Prioritäten richtig zu setzen und den Tag optimal zu planen. Sie sind eine wichtige Voraussetzung für ein gutes Selbstmanagement und perfektes Zeitmanagement.

Geniale Tricks für Ihr persönliches Zeitmanagement

Es gibt viele unterschiedliche Möglichkeiten, um die Zeit, die Ihnen am Tag zur Verfügung steht, optimal zu planen. Wichtig ist, dass Sie mit Gelassenheit und Achtsamkeit an die Zeiteinteilung herangehen. Dann bleibt auch genug Zeit für Entspannung übrig, ohne dass Stress entsteht. Ein gutes Zeitmanagement erreichen Sie, wenn Sie sich mehr auf die wichtigen Lebensaspekte konzentrieren. Alles, was Sie dafür machen müssen, ist eine gute Organisation der zeitlichen Ressourcen und eine kompromisslose Umsetzung! Denn Zeit ist das Wertvollste und Kostbarste, was Sie auf dieser Welt haben. Und genau darum sollten Sie Zeit nicht unnötig verschwenden, sondern für schöne Dinge nutzen.

13 einfache Tipps für ein gutes Zeitmanagement

1. Aufgabenliste abarbeiten!

Stellen Sie sicher, dass Sie Aufgaben ordentlich und gut organisiert abarbeiten. Dieses können Sie perfekt umsetzen, wenn Sie eine Aufgabenliste führen. Dabei ist nicht von Bedeutung, ob Sie die Liste auf einem Computer führen oder per Hand schreiben. Wichtig ist nur, dass Sie eine Aufgabenliste nutzen. Um die Aufgabenstellung einfach zu gestalten, beenden Sie die Aufzählung immer mit einem Verb wie beispielsweise „Firma XY anrufen". Setzen Sie für die Durchführung ein Zeitlimit und nehmen Sie dieses mit in die Liste auf. Wichtig ist zudem, dass Sie die Aufgaben nach Prioritäten ordnen und Schritt für Schritt abarbeiten.

2. Prioritäten setzen!

Die Aufgaben, die am Tag zu bewältigen sind, haben unterschiedliche Prioritäten.

Daher sollte die Liste einen logischen Aufbau haben. An erster Stelle stehen die Dinge, die dringend sind und unbedingt erledigt werden müssen. Grundsätzlich können Sie bei der Erstellung der Zeitmanagement-Liste wie folgt vorgehen:

- unangenehmste Aufgabe
- wichtigste Aufgabe
- wichtige und dringende Aufgabe
- wichtige Dinge, die aber nicht dringend sind
- weniger wichtige Dinge

3. Den Tag ordentlich planen!

Auch wenn dieses mit den beiden bereits aufgeführten Punkten erledigt ist, gibt es trotzdem noch einige Bestandteile, die bei der Tagesplanung fehlen, um ein ordentliches Zeitmanagement sicherzustellen. Denn jetzt geht es an die Organisation der zeitlichen Ressourcen.

Nach dem Festlegen der Prioritäten geht es an die Zeitverteilung, die Sie für die Erledigung der jeweiligen Aufgaben benötigen. Eine Art Stundenplan ist eine gute Möglichkeit, um erledigende Aufgaben zu planen. Dabei überlegen Sie sich für jede Ihrer Aufgaben einen bestimmten, festgelegten Zeitrahmen, den Sie in einem Kalender festlegen. So haben Sie immer einen optimalen Überblick über die Aufgaben und die Zeit, die Ihnen für die Erledigung bereitsteht.

4. Zeitmanagement mit Tages- und Wochenzielen!

Ziele helfen dabei, den Überblick zu behalten und Wichtiges immer im Fokus zu haben. Daher sind Ziele der rote Faden, an dem Sie sich orientieren und sich durch die Tage sowie die Woche arbeiten. Durch die Zielsetzung haben Sie ganz den Fokus auf die wichtigsten Aufgaben gerichtet. Allerdings sollten Ziele schriftlich festhalten werden. Dieses gelingt beispielsweise perfekt mit der Google-Chrome-Erweiterung Momentum.

Darüber hinaus sollten Sie verinnerlichen, dass Sie niemals ohne ein Ziel in den neuen Tag oder die neue Woche starten.

5. Eliminieren, automatisieren und delegieren!

Für eine bessere Zeiteinteilung sind diese drei Begriffe essenziell wichtig, um ein perfektes Zeitmanagement zu erreichen. Denn beim Eliminieren werden alle Dinge, Projekte und Aufgaben aus der Planung ausgeklammert, die keine Bedeutung mehr haben. Beim Durchforsten des Kalenders, werden Sie auf etliche Aufgaben stoßen, die nicht mehr von Belangen sind.

Feststellen können Sie dieses, indem Sie bei jeder Aufgabe den Sinn hinterfragen. Gibt es keine plausible Antwort, kann die Aufgabe getrost von Ihrer Prioritätenliste bzw. aus Ihrem Organizer gestrichen werden.

Das Zeitmanagement zu automatisieren, ist im Zeitalter der Technik in zwei einfachen Schritten problemlos möglich. Sie können den Kalender über das Internet verwalten, miteinander vernetzen und gleichzeitig bestimmte Regeln festlegen. Ein gutes Beispiel dafür ist das E-Mail-Postfach, wo Sie den Posteingang nach bestimmten Regeln definieren. Zudem gibt es interessante Tools wie Zapier oder IFTTT, die Sie verwenden können.

Der dritte Schritt ist das Delegieren. Alle Aufgaben, die Sie nicht eliminieren oder automatisieren können und nicht wichtig genug sind, um selber zu erledigen, geben Sie an andere ab, die diese Aufgabe für Sie abarbeiten. Wenn Sie diese drei Schritte in Ihr Zeitmanagement einfließen lassen, zeigt sich, dass plötzlich stundenweise freie Zeit vorhanden ist, die vorher nicht da war.

6. Bilden Sie Blocks bei ähnlich gestalteten Aufgaben!

Wenn verschiedene Aufgaben auf sich stets wiederholenden Arbeiten beruhen, können Sie diese auch zusammen in einen Block fassen und erledigen. Dafür sollten Sie im Tages- oder Wochenverlauf bestimmte Zeiträume festlegen. Besonders interessant ist das geblockte Arbeiten für administrative Tätigkeiten, die immer nach dem gleichen Schema ablaufen. Sie sammeln die Aufgaben und beschäftigen sich erst zu einem bestimmten, festgelegten Zeitpunkt damit, um die Aufgaben abzuarbeiten.

7. Kleine Aufgaben während Wartezeiten erledigen!

Wenn kleinere Aufgaben anliegen, sind diese auch problemlos zwischendurch zu erledigen, wenn Wartezeiten entstehen. Es gibt diese freien Kapazitäten beispielsweise beim Warten auf den Beginn eines Meetings oder auf öffentliche Verkehrsmittel. Die freie Zeit ist nutzbar für die Beantwortung von E-Mails, zum Aufräumen und Löschen abgelegter Fotos, die nicht mehr benötigt werden oder zur Organisation der Dateiablage. Füllen Sie diese kurzen Momente mit kleineren Aufgaben, um Wartezeit optimal zu nutzen.

8. Nutzen Sie die Diktierfunktion der mobilen Endgeräte!

Zeit einsparen gelingt perfekt mit der Diktierfunktion, weil Nachrichten schneller gesprochen als getippt sind. Dieses ist im sozialen Netzwerk, im WhatsApp Messenger oder bei Sprach-E-Mails wie italk24 über das Smartphone möglich. Die Vorteile des Diktierens liegen klar auf der Hand. Für eine kurze Nachricht werden nur wenige Sekunden gebraucht. Neben kurzen Memos sind auch ganze Artikel möglich, wenn das passende Programm dafür verwendet wird. Auch die Suche bei Google gestaltet sich deutlich einfacher, wenn Sie die Diktierfunktion nutzen, um eine bestimmte Seite zu finden.

Schnelle Informationen bekommen Sie beispielsweise mit einem iPhone über Siri. Sie stellen einfach Ihre Frage und erhalten im Handumdrehen die gewünschte Antwort.

9. Zeitdiebe aus dem Umfeld verbannen!

Es gibt viele Dinge, die kostbare Zeit rauben. In erster Linie ist es der eigene Perfektionismus oder Aufgaben, die keinen Stellenwert mehr haben, aber trotzdem von Ihnen erledigt werden, weil sie zur Routine gehören und immer gemacht wurden.

Personen in Ihrem direkten Umfeld stehlen Ihnen auch Zeit, die Sie sinnvoll nutzen könnten. Das Gleiche gilt für Social Media Kanäle. Mal eben schauen, ob ein Freund bei Facebook etwas Neues gepostet hat oder ob es neue Berichte bei Twitter und Fotos bei Instagram gibt, kostet sehr viel Zeit. Spüren Sie solche Zeitdiebe im Tagesablauf auf, um das Zeitmanagement zu optimieren.

Durch Achtsamkeit kommen Sie ihnen schnell auf die Schliche und können diese ohne Umschweife eliminieren.

10. Dem kleinen Wort NEIN eine höhere Wichtigkeit geben!

Vielfach ist es schwierig, einfach NEIN zu sagen. Doch sollte immer im Hinterkopf sein, dass Sie jeden Tag 24 Stunden haben. In der Woche sind das 168 Stunden für Ihre Planung. Die Kraft- und Energiereserven sind auch nur limitiert verfügbar. Trotzdem bürden Sie sich immer mehr Aufgaben auf und betreiben Raubbau mit Ihrem Körper. Das geht vielleicht eine ganze Zeit lang gut. Doch irgendwann bekommen Sie dafür die Quittung. Daher müssen Sie mit Ihrer Zeit, Energie sowie Kraft ordentlich haushalten und auch einmal NEIN sagen. Sagen Sie NEIN zu einer neuen Aufgabe, zu Arbeit und einem Angebot, auch wenn es schwerfällt

Weitere Aufgaben, Projekte oder Hilfestellungen sind eine zusätzliche Belastung der beschränkten Zeitressourcen. Ihre Zeit ist begrenzt und zusätzliche Aufgaben schmälern das tägliche Zeitkonto beträchtlich. Es bleibt nicht mehr viel übrig zur Regeneration und Entspannung, wo Sie durchatmen und die Seele baumeln lassen können. Das Leben besteht nicht nur aus Arbeit und Schlafen, sondern auch aus Dingen, die für Sie einen sehr hohen Stellenwert haben. Darum lernen Sie, NEIN zu sagen! Mit der nötigen Willenskraft gelingt das!

11. Den Anspruch an Perfektion herunterschrauben!

Wenn Sie Zeit ohne Ende haben, um eine Aufgabe zu erledigen, können Sie das gerne bis zur Perfektion betreiben. Doch an Tagen, wo der Kalender voll mit Terminen und Aufgaben ist, sollten Sie auf Perfektionismus verzichten. Er raubt Zeit und sorgt dafür, dass Sie Ihre priorisierten Aufgaben für den Tag nicht erledigt bekommen.

Es wird nicht lange dauern und Sie haben komplett den Überblick verloren. Das genutzte Zeitmanagement funktioniert nicht mehr. Erledigen Sie Aufgaben und Dinge gut und zügig im Rahmen des Zeitplans. Damit stehen Sie deutlich besser dar, als mit dem Versuch, alles perfekt zu machen und dafür sehr viel Zeit aufzuwenden. Haben Sie abends das Tagespensum geschafft, stellt sich ein gutes Gefühl ein. Um diese Einstellung zu erlangen, sollten Sie sich immer den Satz „Erledigt ist besser als perfekt!“ vor Augen führen.

12. An wichtigen Dingen arbeiten!

In Bezug auf das Zeitmanagement ist das ein wichtiger Faktor. Sie haben bestimmt schon einmal vom Pareto-Prinzip bzw. von der 80/20 Regel gehört. Hierbei geht es darum, dass Sie mit 20 % des Inputs einen Output von 80 % erreichen können. Dieses setzt aber voraus, an wichtigen Dingen zu arbeiten und unwichtige Dinge zu beseitigen.

Dafür überprüfen Sie die jeweiligen Projekte und Aufgaben, bevor Sie mit der Bearbeitung beginnen. Dabei schauen Sie, ob wirklich eine Notwendigkeit besteht. Ist dieses nicht der Fall, brauchen Sie für diese Aufgabe oder das Projekt keine Zeit zu verschwenden und können relaxt an andere Aufgaben herangehen.

13. Keine Aufgaben aufschieben!

Aufgaben, die Sie am Tag nicht geschafft haben und aufschieben, sorgen dafür, dass ein Rückstau entsteht, den Sie bei der Planung in das Zeitmanagement für den nächsten Tag oder die Woche zusätzlich einkalkulieren müssen. Sie haben außerdem den Kopf nicht frei, weil diese Aufgaben immer im Hinterkopf präsent sind. Die Produktivität und Effizienz werden dadurch nachhaltig beeinflusst und ausgebremst. Daher sollten Sie unter allen Umständen das Aufschieben vermeiden.

Terminkalender für die Zeitplanung von Aufgaben nutzen

Ein besonders hilfreiches Tool für das Zeitmanagement ist ein Terminkalender, wo alle besonders wichtigen Aufgaben und der geschätzte Zeitaufwand eingetragen werden. Dazu gehören Besprechungstermine. Ein Terminkalender oder Organizer ist im privaten Bereich genauso praktisch um beispielsweise für Arzttermine, wichtige Ereignisse oder wichtige Termine der Kinder dort einzutragen und damit immer im Blickfeld zu haben.

Durch die Einschätzung des Zeitbedarfs sowohl im beruflichen wie auch im privaten Bereich stellen Sie sicher, dass die Zeit nicht zu knapp bemessen ist, um unterschiedliche Aufgaben zu erledigen. Mit Ihrem Terminkalender sollten Sie sich regelmäßig befassen, heute, morgen oder sogar die ganze Woche organisieren und Zeitfenster schaffen.

So erreichen Sie einen guten Überblick über Ihre Zeitplanung. Schnell zeigt sich, ob die Planung realistisch gestaltet ist. Wenn Sie Termine verschieben müssen, hat sich ein Fehler in die Zeitplanung eingeschlichen.

Technische Hilfsmittel für effizientes Zeitmanagement

Im Zeitalter des Internets muss nicht zwangsläufig auf einen klassischen Terminkalender, Planer oder Organizer zurückgegriffen werden. Vielmehr gibt es zahlreiche, intelligente Programme, die Sie auf dem Smartphone, Tablet und Rechner installieren können, die Ihnen dabei helfen, das geforderte Arbeitspensum sowie Ihre täglichen Aufgaben optimal zu strukturieren und organisieren. Das zeitliche Einsparpotenzial durch die kleinen, praktischen Helferlein ist dabei enorm. Ohne die Verwendung speziell dafür entwickelter Software fällt das gar nicht auf. Anhand eines kleinen Beispiels aus der täglichen Arbeitsroutine wird Ihnen aber verdeutlicht, wie viel Zeit Sie sinnlos verschwenden.

Sie arbeiten im Job mit passwortgeschützten Programmen, wo Sie nur mit einem speziellen Code Zugang erhalten.

Diese Passwörter befinden sich in Ihrem Kopf und müssen erst einmal abgerufen werden. Beim Nachdenken und der anschließenden Eingabe vergeht einige Zeit, die Sie sinnvoller nutzen können. Wird aber ein effektiver Passwort-Manager genutzt, sind mit einem Klick alle wichtigen Passwörter sofort abrufbereit, ohne Einbußen in der Sicherheit zu haben.

Ein weiteres, praktisches und hilfreiches Tool sind Programme, mit denen Sie die Arbeitsstruktur gestalten können. Sie verfügen über Board-Karten und To-do-Listen, wo Sie auf einen Blick alle Team- und Einzelaufgaben einsehen können. Interessant ist auch das E-Mail-Programm Outlook, welches Sie garantiert auf dem Rechner haben, da es zum Office-Paket dazugehört. Neben dem Senden und Empfangen von E-Mails lässt sich der Posteingang nach Prioritäten organisieren. Die ankommenden Nachrichten werden sofort in den dafür vorgesehenen Ordner verschoben, sodass nicht lange nach speziellen Nachrichten gesucht werden muss.

Zusätzlich gibt es einen übersichtlichen Kalender für die Terminplanung. In der To-do-Liste lassen sich alle zu erledigenden Aufgaben eintragen. Damit Sie keinen wichtigen Termin mehr versäumen, gibt es eine praktische Erinnerungsfunktion.

Zusätzlich zu den klugen, technischen Helferlein gibt es Techniken, die Sie anwenden sollten, um die Zeit effektiv zu nutzen. Intensive und anspruchsvolle Arbeitsschritte gelingen am besten, wenn sie während eines Leistungshochs erledigt werden. Wenn Sie große Aufgaben in Teilaufgaben unterteilen, gestaltet sich das Abarbeiten deutlich effizienter. Seien Sie konsequent bei Arbeitsunterbrechungen und versuchen Sie, diese zu vermeiden. Sinnvoller sind mehrere kleine Pausen als große Arbeitsunterbrechungen, wenn Sie ein Projekt oder eine Aufgabe abgeschlossen haben.

Den idealen Zeitplan erstellen

Wenn Sie einen Zeitplan für Aufgaben erstellen möchten, sollten Sie sich im Klaren darüber sein, dass in diesem Moment ein neues Leben für Sie beginnt. Bei einer genauen Betrachtung fällt nämlich schnell auf, dass die Zeit, die zur Verfügung steht, nicht ausreicht. Viele Dinge, die Ihnen wichtig sind, kommen einfach zu kurz. Sie hetzen von einem Termin zum nächsten und kommen den Zielen keinen Schritt näher.

Sie möchten gerne produktiver sein, stellen aber sehr schnell fest, dass Sie gar keine Möglichkeiten dazu haben, die Zeit frei zu gestalten, weil diese von anderen verplant wird. Schon wieder gibt es eine Einladung zu einer Besprechung in Ihrem E-Mail-Postfach, Kollegen kommen spontan bei Ihnen auf einen Besuch vorbei und sorgen für eine Ablenkung von Aufgaben, die Sie gerade erledigen. Während eines Arbeitstages scheinen die andauernden Störungen und Unterbrechungen kein Ende zu nehmen.

Um diesem entgegenzuwirken, müssen Sie sich bewusst machen, dass Sie selbst Herr Ihrer Zeit sind. Es ist völlig egal, ob Sie Hausfrau und Mutter sind, ein kleines Familienunternehmen führen oder Ihr Geld als Angestellter oder Selbständiger in Ihrer eigenen Firma verdienen. Das Unternehmen, in dem Sie arbeiten, genauso wie die Familie, für die Sie zu Hause alles managen, erwarten von Ihnen, dass Sie die gestellten Aufgaben erfolgreich meistern. Ein Selbständiger hat zudem immer noch die Faust im Nacken, dass durch nicht optimal genutzte Zeit viel Geld verloren geht, welches ihm am Ende des Monats fehlt.

Grundsätzlich haben Sie keine festen, vorgeschriebenen Maßgaben, in welchem Zeitraum Aufgaben zu erledigen sind oder wie lange dafür gebraucht werden darf. Wichtig ist nur, dass Sie wirklich alle Aufgaben erledigen, die fremdbestimmt an Sie herangetragen werden. Es entsteht ein Teufelskreis, weil Sie neben dem Beruf auch noch ein Privatleben haben, das sich nicht nur aus Essen und Schlafen zusammensetzt. Aus diesem Teufelskreis kommen Sie aber heraus, wenn Sie einen idealen Zeitplan zusammenstellen.

Dafür sollten Sie sich in Ruhe hinsetzen und genau überlegen, wie viel Zeit Sie in die verschiedenen Bereiche Ihres Lebens investieren möchten. Halten Sie sich vor Augen, was Sie besonders vermissen und was Ihrer Meinung nach deutlich zu kurz kommt. Anschließend beginnen Sie mit der Neuorganisation und nutzen ein durchdachtes Zeitmanagement für die Planung einer Woche. Praktische Werkzeuge sind dafür iCal, eine Excel-Tabelle oder aber der Google Kalender. In Excel erstellen Sie beispielsweise eine übersichtliche Tabelle mit den verschiedenen Wochentagen und Uhrzeiten. Dafür nutzen Sie eine farbig abgesetzte Legende, mit der Sie die Zeit für sich selbst, für die Arbeit, Familie und für Stunden nur mit dem Partner farblich kenntlich machen.

Bei der Verteilung der persönlichen Zeit können Sie mit Quotienten arbeiten, indem Sie ein Drittel der Zeit für Ihre wichtigen Dinge einplanen. Oder Sie greifen auf absolute Werte zurück, weil Sie in der Woche zwei Stunden für sich alleine beanspruchen, um dem heiß geliebten Hobby nachzugehen. Bei der Gestaltung der Zeit besteht zudem die Möglichkeit, rein intuitiv und visuell vorzugehen. Außerdem sollten Sie unbedingt alle Dinge in das Diagramm mit aufnehmen, die Sie häufig vergessen, wie beispielsweise Wasser zu trinken oder die Mittagspause.

Sind alle Zeiten eingetragen und das Grundgerüst steht, überprüfen Sie, ob die Zeitproportionen stimmen. Haben Sie wirklich 30 % der Zeit für die Familie eingeplant? Durch die Planung der Zeit ergibt sich eine Annäherung an die eigenen Wünsche und Vorstellungen, die langsam eine Struktur in den einzelnen Wochentagen annehmen.

Ihr persönliches Zeitmanagement können Sie anschließend bequem in die Terminplanung einfließen lassen, um entsprechende Zeitblöcke zu reservieren. Durch eine farbige Markierung wissen Sie sofort, dass dieser spezielle Zeitblock nicht für berufliche Zwecke genutzt werden soll. Sind die großen Blöcke klar definiert, können Sie anhand Ihrer persönlichen Leistungskurve an die Detailplanung herangehen, um die Arbeitstage effizient zu strukturieren. Wenn Sie als Vorgesetzter für Ihre Mitarbeiter besser erreichbar sein wollen, sollten Sie kurz vor Feierabend eine halbe oder ganze Stunde für die Kollegen einräumen. Sind Sie verantwortlich für Projekte, die Sie überwachen?

Dann nutzen Sie einen festen Zeitblock für alle künftigen Termine, um über die Fortschritte in Kenntnis gesetzt zu werden. Ganz wichtig! Schaffen Sie in Ihrem persönlichen Zeitmanagement Zeiträume, in denen Sie produktiv arbeiten, um Projekte zu bewältigen und Ziele zu erreichen.

Diese Zeiträume sind eine feste Konstante, die nicht für externe Zeitfresser oder Meetings verwendet werden.

Steht Ihr Zeitplan für den Arbeitstag oder die Arbeitswoche, beginnen Sie mit der Planung Ihrer privaten Termine und Belange. Gönnen Sie sich explizit Zeit für den heißgeliebten Sport oder ein Familienmitglied und reservieren Sie dafür ein bestimmtes Zeitfenster. Nehmen Sie die Zeitblöcke ernst und behandeln Sie diese genauso wie berufliche Termine.

Minimalismus

Im eigentlichen Sinne bedeutet Minimalismus Verzicht auf Konsum. Klamotten, besondere Gadgets oder das Auto – brauchen Sie nicht und schon läuft Ihnen das schönere Leben winkend entgegen. Indem Sie sich von unwichtigen Dingen trennen, soll sich eine befriedigende Wirkung einstellen. In Ihrem Büroalltag können Sie dieses Prinzip einem Test unterziehen und anwenden, zumindest bis zu einem gewissen Punkt. Es gibt diese tolle Aussage, dass weniger mehr ist! Und genau dieser Minimalismus soll auch am Arbeitsplatz funktionieren?

Zitat:

„...bewusste Beschränkung auf
das Minimum, auf das Nötigste...“

Schnell stellt sich die Frage, welches Konzept sich dahinter verbirgt. Zu finden ist das Konzept in unterschiedlichen Kunstrichtungen, in der Musik und Architektur. Minimalismus nimmt aber auch Einfluss auf den Lebensstil. Gleichgesetzt wird er mit der Begrifflichkeit „einfaches Leben“. Nicht selten übt Minimalismus auch Kritik an dem gelebten Konsum, der sich am sozialen Status und am Prestige orientiert. Diesem Konzept liegt der Materialismus zugrunde. Anstatt dem Überfluss zu frönen und durch übermäßigen Konsum die Wegwerfgesellschaft zu fördern, entscheiden sich Menschen für ein minimalistisches Leben und kaufen ganz bewusst nur Produkte, die wirklich gebraucht werden. Durch Minimalismus erfolgt eine Vermeidung der Reizüberflutung. Durch den dabei entstehenden Zeitgewinn steigert sich die Lebensqualität.

Wie viel Minimalismus ist umsetzbar?

Oft hören Sie den Rat in Bezug auf Minimalismus, dass Sie einmal überlegen sollten, was Sie wirklich brauchen. Klar können Sie alle überflüssigen Dinge entsorgen. Streng genommen brauchen Sie als Mobiliar nur Bett, Schrank, Tisch und Stuhl. Ohne all die liebgewonnenen, mühsam zusammengestellten und persönlichen Gegenstände fehlt doch komplett die individuelle Note. Diese Tristesse ist allerdings die reinste Form von Minimalismus.

Bevor Sie jetzt einen Container bestellen und alles entsorgen, sollten Sie innehalten. Es gibt die japanische Minimalismus-Expertin Marie Kondo, die Ihnen in Ihrem Buch „Magic Cleaning" eine Möglichkeit für Minimalismus an die Hand gibt. Stellen Sie sich einfach folgende Fragen. Macht Sie der Gegenstand glücklich beziehungsweise „Verbreitet es ein gutes Gefühl, wenn Sie es in den Händen halten?"

Danach entscheiden Sie, ob Sie es entsorgen oder unbedingt aufheben müssen. Das Gleiche können Sie auch bei Ihrem Lebensstil nutzen. Gemäß verschiedenen Annahmen sollte es nicht schwerfallen, im Monat mit 800 bis 1.000 Euro auszukommen, wenn der ganze Konsum wegfällt. Dabei werden Ihnen schnell Grenzen aufgezeigt. Wenn Ihnen eine bestimmte Infrastruktur und Teilnahme am sozialen Leben wichtig sind, müssen Sie gehörig Verzicht üben.

Für mehr Qualität im Leben brauchen Sie nicht nur Zeit, sondern die Möglichkeit, diese angenehm zu gestalten. Selbst für ein Hobby wie das Lesen von Büchern müssen Sie Geld zur Verfügung haben. Und das Ausleihen in der Bibliothek geht auch nicht umsonst. Was Sie bei dieser Überlegung auch nicht vergessen sollten, ist die Tatsache, dass Sie mit weniger Geld auch weniger fürs Alter sparen können.

Um Minimalismus zu leben, müssen Sie nicht rigoros alles wegschmeißen und sich mit wenigen Dingen zufriedengeben. Viel wichtiger ist die Frage, was Sie wirklich benötigen. Dabei stellt sich eine achtsame Haltung ein. Auch wenn Minimalismus sehr unterschiedlich und individuell sein kann, sehen Sie dadurch plötzlich, welchen Besitz Sie mit sich herumschleppen, der durchaus belastend sein kann. Er raubt Kapazitäten, nimmt Platz ein und sorgt für Ablenkung. Anders ist das in einer ordentlichen Wohnung und am aufgeräumten Arbeitsplatz.

Minimalismus – die Vorteile

✓ mehr Ordnung und eine bessere Übersicht

✓ mehr Zeit, weil Sie wissen, wo alles ist und nicht mehr danach auf die Suche gehen müssen

✓ mehr Kreativität, da Sie Ihre Gedanken frei fließen lassen können, weil diese nicht für andere Dinge benötigt werden

✓ mehr Flexibilität, da Sie unnötiger Ballast und Besitz nicht mehr belastet

Mit 8 Tipps mehr Minimalismus im Leben erreichen

1. Ein leerer Posteingang – Wie funktioniert das?

Tipp 1: Sammeln Sie „ALLE" eingehenden E-Mails in „EINEM" Postfach. Damit komprimieren Sie die vielen unterschiedlichen Postfächer und haben einen guten Überblick.

Tipp 2: Die Nachrichten, die Sie mit einem geringen Zeitaufwand erledigen können, werden „SOFORT" beantwortet.

Tipp 3: Schaffen Sie ein festes Zeitfenster, um in den Posteingang zu schauen und ein Zeitfenster für Nachrichten, die Sie in zwei bis drei Minuten bearbeiten können.

Tipp 4: Bestellen Sie überflüssige Feeds, Alerts, Newsletter und Werbemails ab. Damit reduzieren Sie den Inflow.

Tipp 5: Den Rest am Ende des Tages erledigen und Spam löschen. Damit ist Ihre Inbox auf Zero gestellt!

Diese grobe Vorgehensweise sieht in der Realität leider manchmal anders aus, da ein leeres Postfach nur mühsam zu erreichen ist.

2. Netzwerke

Natürlich sind Netzwerke beispielsweise bei der Jobsuche sehr hilfreich. Leider ersetzen virtuelle Freunde oftmals reale Menschen und zerstören das Selbstwertgefühl, wie Studien gezeigt haben. Daher sollten Sie zuerst der Frage auf den Grund gehen, in welchem Social Network Sie sich wohlfühlen und welche wichtig für Karriere und Job sind.

Als Handwerker werden Sie wohl kaum einen Azubi über Instagram und als Kaufmann kaum neue Kunden für Ihre Produkte über Twitter finden.

Hier hilft auch Minimalismus. Aktives Networking auf den richtigen Plattformen bringt Sie nur weiter, und wenn Sie sich dabei nur auf Xing beschränken. Apropos: Ist es wirklich notwendig, gleichzeitig auch LinkedIn zu verwenden?

Jedes Profil im Netz müssen Sie regelmäßig pflegen und aktualisieren und genau das stiehlt Ihnen wertvolle Zeit.

Daher nutzen Sie nur eines davon – je nachdem ob Ihre Ausrichtung national oder international ist.

3. Kommunikationskanäle überdenken

Sie erhalten Nachrichten über den Facebook Messenger, haben gleichzeitig eine WhatsApp-Gruppe für das Team am Start, zwischendurch gibt es ein Skype-Interview und zusätzlich werden Nachrichten über die Dropbox verschickt. Würde es sich nicht sinnvoller gestalten, wenn Sie für die vielen Nachrichten nur über einen Kanal abwickelt? Nutzen Sie doch beispielsweise Slack oder einen anderen Nachrichten-Dienst für die gesamte Kommunikation in der Firma. Das Reduzieren der Kommunikationswege ist garantiert eine gute Strategie für Minimalismus am Arbeitsplatz.

4. Technik neu organisieren

Auf Ihrem Rechner befinden sich eine Unmenge an Ordnern mit Bildern, Dokumenten und Videos, die Sie nicht mehr brauchen. Diese können Sie löschen oder ein Backup auf einer externen Festplatte erstellen. Damit schaffen Sie eine schmale, übersichtliche Ordnerstruktur. Genauso können Sie auch mit Apps auf Ihrem Smartphone verfahren. Löschen Sie die Apps, die Sie ewig nicht mehr genutzt haben. Wirklich gebraucht wird nur eine Handvoll.

Stellen Sie sich zudem die Frage, ob Sie das ganze Technik-Spielzeug wirklich brauchen. Müssen Sie tatsächlich unbedingt jeden Tag Smartphone, Tablet, Digitalkamera, Powerbank, Smartwatch, Fitnesstracker und die VR-Brille dabeihaben? Probieren Sie ruhig alle Gadgets aus. Doch immer mitnehmen, ist nicht notwendig!

5.Digitale Detox-Kur für den Arbeitsplatz

Sie werden staunen, welche Vorteile Ihnen die digitale Entgiftung bringt. Dafür nutzen Sie feste Zeitfenster, in denen Sie ganz konsequent alle digitalen Helfer ignorieren. Diesen digitalen Minimalismus können Sie beispielsweise zwischen 10 und 12 Uhr und zwischen 14 und 17 Uhr praktizieren. Dabei gehen Sie der Beantwortung von E-Mails, Social-Media Kanälen und eventuell auch dem Smartphone bewusst aus dem Weg. Genau in diesen Zeiten werden Sie garantiert effektiver und produktiver arbeiten.

6. Entrümpeln

Wenn Sie an Ihren Arbeitsplatz oder Ihr Zuhause denken, kommt Ihnen garantiert als erste der zugemüllte Schreibtisch, die Zettelwirtschaft in der Küche oder auf dem Esstisch in den Sinn. Es gibt garantiert etliche Dinge, die Sie aussortieren und wegschmeißen können.

Dazu gehören beispielsweise alte Entwürfe zu mittlerweile fertigen Projekten, alte Kalender, die in Ihrer Schreibtischschublade liegen und Werbegeschenke, die Sie vor vielen Jahren von einem Kunden bekommen haben. Zu Hause sind es alte Einkaufszettel, alte Zeitschriften, Tageszeitungen, Magazine und eine Eintrittskarte von einer Messe, die Sie besucht haben. Alle solche Dinge können weg! Falls Sie nicht konsequent durchgreifen können, packen Sie die Sachen in eine Kiste. Was Sie nicht vermisst haben, können Sie nach einem Monat endgültig entsorgen. Sie können aber auch im Büro einen papierlosen Schreibtisch einführen.

Das gelingt Ihnen, wenn Sie konsequent Mindmaps, und To-do-Listen, quasi die gesamte Zettelwirtschaft digitalisieren. Damit schaffen Sie mehr Arbeitsfläche, sparen Papier, erzeugen weniger Müll und haben garantiert eine bessere Organisation.

7. Priorisierung mit To-do-Listen

Durch das Erstellen von To-do-Listen verbessert sich der Fokus auf die wirklich wichtigen Dinge. Allerdings kann durch das sinnvolle Tool eine große Belastung entstehen, wenn Sie mit Aufgaben überfrachtet sind. Achten Sie darauf, dass eine To-do-Liste überschaubar bleibt. Mit der richtigen Minimalismus-Strategie gelingt Ihnen die ordentliche Planung der Aufgaben, die Sie heute unbedingt abarbeiten müssen. Dazu gehören auch die Dinge, die zügig, mit wenig Zeitaufwand erledigt sind. Alles, was nicht darunterfällt, wird nicht berücksichtigt. Haben Sie erfolgreich geplant, ist abends die To-do-Liste komplett abgehakt und Sie können mit einem guten Gefühl nach Hause gehen.

8. Rituale

Die Kirsche auf dem Sahnetörtchen ist das schöne Gefühl, alles fertig zu haben, wenn der Arbeitstag vorbei ist. Sie haben alle Aufgaben erledigt, bevor Sie in den Feierabend gehen. Es liegen keine unerledigten Dinge mehr auf dem Schreibtisch und die leere To-do-Liste wartet darauf, dass sie am nächsten Arbeitstag wieder mit neuen Tagesaufgaben gefüllt wird. Im Postfach sind keine E-Mails mehr, Sie haben sich aus dem firmeneigenen Intranet und Internet ausgeloggt und fahren den Rechner herunter. Danach fühlen Sie sich richtig gut und sind bereit, den wohlverdienten Feierabend zu genießen.

Mehr Produktivität durch Ordnung mit der 5S-Methode erreichen

Einmal richtig Ordnung schaffen ist ein guter Anfang. Denn Unordnung am Arbeitsplatz raubt Ihnen jeden Tag eine ganze Menge Zeit. Abhilfe schafft die 5S-Methode, die Ihnen ein systematisches Konzept liefert, um den Arbeitsplatz und das Arbeitsumfeld besser zu organisieren, damit Sie sich auf die eigentliche Arbeit konzentrieren können. Damit fördern Sie gleichzeitig die Produktivität und verbessern auch die Arbeitsprozesse.

Ursprünglich kommt die 5S-Methode aus Japan in der Mitte des 20. Jahrhunderts und wurde von Taiichi Ono beim Automobilhersteller Toyota als innovatives Produktionssystem verwendet. In dieser Zeit musste mit wenigen Ressourcen und unter schlechten Arbeitsbedingungen gearbeitet werden.

Durch die 5S-Methode gelang es, den ganzen Produktionsprozess zu verbessern und Material- oder Werkzeugverluste zu minimieren. Damals umfasste die heutige 5S-Methode allerdings nur vier Schritte und wurde später um einen fünften Schritt erweitert. Die unterschiedlichen Schritte sind folgende:

- sortieren
- systematisieren
- säubern
- standardisieren
- Selbstdisziplin

Durch bessere Organisation und Ordnung stellt sich eine große Wirkung ein! Das belegt auch eine Studie des Frauenhofer-Instituts. Demnach werden rund 27 % der täglichen Arbeitszeit für schlecht abgestimmte Prozesse und fehlende Organisation verschwendet. Wenn Sie das einmal auf ein Jahr hochrechnen, waltet an rund 60 Tagen absolute Unproduktivität.

Alleine 12 Tage verbringen Sie damit, Material oder Informationen zusammenzusuchen. Mit diesen Zahlen sollte jedem deutlich werden, dass eine gute Organisation am Arbeitsplatz und bei Arbeitsprozessen eine umfangreiche und kostensparende Wirkung entsteht. Der 5S-Methode und der Idee eines „Lean Management" liegen die gleichen Basisgedanken zugrunde. Denn beide Konzepte dienen dazu, die Prozesse zu verbessern. Aufräumkonzepte reichen allerdings nicht aus. Wichtig ist das System! Genau dafür kommt die 5S-Methode zum Einsatz. Die Ziele lauten folgendermaßen:

- Unfälle am Arbeitsplatz vermeiden
- Produktivität erhöhen
- Qualität steigern
- Übergaben vereinfachen
- Platz schaffen
- Stress reduzieren

Kurz gesagt, bringt folgender Satz es auf den Punkt: Durch die 5S-Methode wird der Arbeitsbereich sicherer, sauberer und damit produktiver! Darum ist es wichtig, dass nach Möglichkeit diese Methode in die gesamte Struktur des Unternehmens integriert wird. Wenn nur einige Arbeitsplätze optimiert werden und im Rest Chaos herrscht, ist das eher sinnfrei. Nur durch eine konsequente Umsetzung ergibt sich eine Minimierung der Suchzeiten und gleichzeitig eine Kosteneinsparung, Reduzierung der Arbeitsunfälle sowie weniger Ausfälle von Maschinen, da eine systematische Wartung durchgeführt wird.

Natürlich hat die 5S-Methode auch Nachteile, da die Gefahr besteht, dass eine zu große Regulierung erfolgt. Wird die Methode konsequent umgesetzt, organisiert sich noch lange nicht alles von selbst. Es kommt immer noch zu Ressourcenverschwendung. Das Konzept kann eben keine Wunder vollbringen. Wird allerdings dabei übertrieben, geht das nach hinten los.

Daher sollte die 5S-Methode unterstützend und korrigierend genutzt werden, um den Alltag besser zu organisieren und das Selbstmanagement zu fördern. Was in einem Unternehmen funktionieren kann, hilft Ihnen auch, selbst die zur Verfügung stehenden Zeitressourcen besser zu nutzen. Eine bessere Selbstorganisation bringt Sie auf ein neues Level!

5 Anwendungsschritte der 5S-Methode

Genug der Theorie! Jetzt werden die Ärmel hochgekrempelt und die 5S-Methode in Ihrem Job und Alltag praktisch umgesetzt. Wenn Sie nicht gleich im Büro damit anfangen wollen, starten Sie mit dem Konzept in den eigenen vier Wänden. Doch wo anfangen? Kennen Sie das? In vielen Bereichen gibt es unterschiedliche Ordnungssysteme. Der Einsatz in Ihrer Besteckschubschublade oder ein Messerblock haben verschieden große Fächer, wo Sie nur bestimmte Bestecke hineinlegen können. Genauso gibt es für Werkzeugkoffer, spezielle Halterungen für Zangen, Schraubendreher, eine Ratsche und den Hammer haben. Kleine Aufbewahrungsregale für Schrauben und Muttern, die Sie dort nach Größe sortiert in die einzelnen Schubfächer legen können, erleichtern Ihnen die Suche. Warum nutzen Sie solche praktischen Ordnungshelfer nicht in Ihrem Zuhause oder auf dem Arbeitsplatz? Auf diese Weise erfolgt ein grundlegender Anstoß für die eigene Struktur und Ordnung. Die Wirkung entfaltet sich aber nur, wenn Sie dabei ganz konsequent vorgehen.

Auch wenn damit am Anfang ein größerer Aufwand verbunden ist, sollten Sie keinen Rückzieher machen und am Ball bleiben. Bald werden Sie merken, wie die 5S-Methode Ihr Leben erleichtert. Also beginnen Sie jetzt, nicht morgen oder übermorgen, Ordnung und Struktur zu schaffen.

1. Sortieren

Nehmen Sie sich Ihre Abstellkammer vor und unterteilen Sie die vorhandenen Ablageflächen in drei Bereiche – **wichtig, da ständig benötigt, nicht so wichtig, da selten in Gebrauch und unwichtig.** Schauen Sie sich um und beginnen Sie die überflüssigen Dinge und die Sachen, die nicht in die Abstellkammer gehören, auszusortieren. Genauso verfahren Sie am Arbeitsplatz.

2. Systematisieren

Legen Sie ein sinnvolles System an, um Ihre Ordnung zu optimieren. Beschriften Sie Kisten, Schachteln und Aufbewahrungsbehälter. Auf diese Weise haben Sie schnell einen guten Überblick darüber, wo alles ist und nicht benötigte Gegenstände bekommen einen festen Platz. Später finden Sie alles schnell wieder.

Ordnung und Struktur erlangen Sie beispielsweise in der Abstellkammer mit folgenden Fragen:

- Wie viele Dinge gehören maximal in die Abstellkammer?
- Was fehlt und sollte unbedingt vorhanden sein?
- Wo sind Dinge abgelegt, die gerade nicht gebraucht werden?
- Wo lagern Dinge, die nicht regelmäßig Verwendung finden?
- Sind alle Dinge wieder schnell und einfach auffindbar?

3. Säubern

Gewöhnen Sie sich an, die Abstellkammer regelmäßig aufzuräumen. Regelmäßig bedeutet täglich und nicht nur einmal im Monat oder jedes halbe Jahr. Was nicht gebraucht wird, kommt einfach weg. Anhänger der 5S-Methode räumen beispielsweise täglich den Arbeitsplatz dreimal auf. Sie erscheinen 10 Minuten früher an ihrem Arbeitsplatz, um sich auf den neuen Arbeitstag vorzubereiten und Staub zu wischen, sortieren in der Mittagspause für 10 Minuten das Arbeitsmaterial und gehen erst in den wohlverdienten Feierabend, wenn auf dem Schreibtisch eine sinnvolle, aufgeräumte Struktur und Ordnung herrscht.

4. Standardisieren

Nicht nur Sie, sondern auch Familienmitglieder sollten die optimierte Struktur und Ordnung verstehen. Daher sollte der neue Standard klar und deutlich strukturiert sein. So stellen Sie sicher, dass alle wissen, wo bestimmte Dinge sind, wenn Sie einmal nicht zu Hause sind und helfen können. Am Arbeitsplatz erleichtern Sie damit Ihren Kollegen die Arbeit, weil diese sich sofort zurechtfinden, wenn Sie einmal in Urlaub sind.

5. Selbstdisziplin

Den letzten Punkt sollten Sie als festes Gebot, als Ermahnung sehen. Integrieren Sie die ersten vier Punkte in Ihr Leben und machen Sie sich diese zur Gewohnheit.

Am Anfang hilft Ihnen dabei eine Checkliste, die Sie jeden Tag durchschauen. Es kommt der Zeitpunkt, wo Sie gar keinen Gedanken mehr daran verschwenden müssen, da Sortieren, Anordnen und Aufräumen als Gewohnheit fest verankert sind und ganz automatisch durchgeführt werden. Seien Sie stark. Denn zu Beginn müssen Sie alte Verhaltensmuster ablegen und neu konditionieren. Fehlt Ihnen die Selbstdisziplin, herrscht schnell wieder das alte Chaos in Ihrem Zuhause und auf Ihrem Schreibtisch.

Unordnung: ein wenig Chaos fördert die Kreativität

Zitat:

„Ordnung braucht nur der Dumme, das Genie beherrscht das Chaos.“

Albert Einstein

Es gibt diese Menschen, für die Minimalismus, Zeitmanagement und Selbstmanagement keine Geltung haben und augenscheinlich besteht das ganze Leben nur aus Chaos. Auf dem Schreibtisch herrscht Anarchie. Zahllose Papierstapel türmen sich in die Höhe und in den Schubladen ist ein gepflegtes Chaos. Im eigenen Zuhause ist es auch nicht besser. Der Esstisch ist voll mit Kram, Schränke und Abstellkammer lassen vermuten, dass nichts einen festen Ablageort hat und einfach nur hineingestopft wird.

Manch einer bezeichnet diese scheinbar chaotische Unordnung als pathologischen Saustall und die Vermutung macht sich breit, dass hier jegliche Professionalität fehlt.

Vorsicht! Hinter der chaotischen Unordnung verbirgt sich mitunter tatsächlich ein Genie mit sprudelnden Einfällen und genialen Ideen. Mittlerweile ist auch die Psychologie zu der Erkenntnis gekommen, dass Unordnung kreativ macht. Damit werden natürlich so manche Klischees von Chefs ausgehebelt, die davon ausgehen, dass ein Messi-Büro Unproduktivität bedeutet. Allerdings gibt es keinen Zusammenhang, das Genie und Chaos zwingend zusammengehören!

Rettung der Ehre einer gepflegten Unordnung

Es muss nicht immer alles akkurat und ordentlich durchorganisiert sein. Denken Sie einmal kurz über den Bakteriologen Alexander Flemming nach, der eher zu den Menschen gehörte, der im Chaos großartige Entdeckungen machte. Als er nach dem Urlaub im September 1928 wieder in seinem Labor auftauchte, fand er zwei Petrischalen mit Bakterienkulturen in seinem heillosen Chaos. Die eine war kräftig mit Schimmel befallen und auf der anderen gab es keine Spur davon. Schnell stellte Flemming fest, dass auf wundersame Weise die Pilzkulturen kein Interesse an der zweiten Schale hatten. Seine Neugier war geweckt. Bei einer genauen Betrachtung unter dem Mikroskop entdeckte er auf der nicht befallenen Schale eine andere Pilzart, die spezielle Bakterien abtötet. Das war die Entdeckung des Penizillins, mit dem vielen Menschen das Leben gerettet werden konnte.

Diese großartige Entdeckung entstand aus Chaos, Unordnung und Schlamperei. Das soll aber nicht heißen, dass Sie Ihr Zeitmanagement, Selbstmanagement und Minimalismus über Bord werfen sollen. Eine gewisse Ordnung und Organisation sind wichtig. Allerdings schadet es auch nicht, ein wenig Unordnung zu haben. Schnell werden Menschen mit einer geordneten Unordnung als moderne Höhlenmenschen oder als Chaoten bezeichnet. Tatsächlich sind diese Menschen überaus kreativ.

Die Zettelwirtschaft, Papierstapel, die Anarchie auf dem Schreibtisch und den Wirrwarr fördert geistige Impulse. So sagt beispielsweise die Kreativforscherin und Sozialpsychologin der Minnesota University Kathleen Vohs, dass die andere Seite der Ordnung die Unordnung ist, auf ein und derselben Medaille. Je nach Aufgabe und Situation können beide zu sehr guten Ergebnissen führen.

Das Gehirn des Menschen funktioniert nicht wie ein Computer. Es ist ein lebendiges Organ, welches chaotisch organisiert ist. Studien und Experimente, die Vohs durchgeführt hat, belegen zwar, dass Ordnung im konservativen Sinne zu Uneigennützigkeit, Großzügigkeit und einem gesunden Lebensstil führen kann, doch Unordnung hat durchaus etwas Gutes und Innovatives.

Die Teilnehmer der Studien und Experimente, die im Chaos lebten, zeigten Kreativität, Einfallsreichtum, Originalität und hatten keine Scheu davor, ausgetretene Pfade zu verlassen und zu neuen Ufern aufzubrechen. Gewohnte Regeln wurden hinterfragt und auf Gültigkeit überprüft. Auf diese Weise wird deutlich, dass Ordnung für Überschaubarkeit sorgt und ein unordentliches Umfeld inspiriert und sehr hilfreich ist, um geistigen Ballast zu entsorgen. Sigmund Freud, in seinem Namen ein bekennender Schreibtisch-Chaot mit Zettelwirtschaft, Stapeln von Papier und Heiligenfiguren, hat alles gesammelt, was ihm in die Finger kam, weil ihn das Anschauen diese Dinge inspirierte.

Die Psychologie des Chaos (Unordnung)

Auch wenn sich das alles eher verrückt anhört, gibt es dafür psychologische Belege. Brechen Menschen aus festen Systemen aus, entwickeln sich ganz oft einzigartige Ideen und eine enorme Kreativität, wenn die Aufmerksamkeit durch andere Dinge abgelenkt wird und bei aktuellen Aufgaben andere Gedanken auftauchen, die zu Träumereien verleiten. Es ergibt sich in den eigentlichen Gedanken eine schöpferische Synthese. Und die Papierstapel auf dem Schreibtisch sind gelegentlich guter Dünger für diese neuen Gedankengebilde. Wissenschaftlich gibt es sogar Belege dafür. Professor Eric Abrahamson der Columbia University in New York tätigt in seinem Buch „Das perfekte Chaos“ die Aussage, dass diejenigen mit einem aufgeräumten Schreibtisch durchschnittlich 36 % länger nach Zetteln suchen als derjenige, die Chaos auf dem Schreibtisch haben.

Ordnung ist zwar gut für das Image, stellt aber eine große Blockade dar. Seine Ergebnisse decken sich mit anderen Resultaten, die bei Untersuchungen von Debra Trampe und Jia Liu der Universität Groningen zum Vorschein kam. Ihre Feststellung besagt, dass ein chaotischer Schreibtisch dabei hilft, einfacher zu denken und anspornt, einfachere Lösungen für Problematiken zu finden. Durch Ablenkung werden neue Impulse gesetzt und Anknüpfpunkte ausfindig gemacht, aus denen neue Ideen entstehen. Gleichzeitig werden Menschen dazu ermutigt, neue Wege zu beschreiten. Und noch etwas: Durch Ordnung können sogar Unfälle entstehen. Wer sich beispielsweise im Straßenverkehr genau und besonders streng an die Verkehrsregel hält, ist oftmals in Zusammenstöße mit anderen Autofahrern verwickelt.

Herausgefunden hat das der in Köln praktizierende Psychologe Stephan Grünewald, der für den deutschen Verkehrssicherheitsrat eine Untersuchung durchführte. Der Grund dafür liegt klar auf der Hand. Solche Autofahrer können nicht spontan entscheiden und reagieren, weil ihnen das Training fehlt. Die wenigsten Unfälle haben diejenigen, die sich freilich an die wichtigsten Regeln halten, aber gleichzeitig aufmerksam eine Radiosendung verfolgen, sich in Tagträumen ergehen oder mit dem Beifahrer ein interessantes Gespräch führen.

Genie und Chaos - die vielen Gemeinsamkeiten

Zitat:

„Wenn ein unordentlicher Schreibtisch ein Anzeichen für einen unordentlichen Geist ist, wofür ist dann ein leerer Schreibtisch ein Anzeichen?“

Albert Einstein

Es gibt tatsächlich zwei Dinge die Chaoten und Genies gemeinsam haben:

- Sie haben die Herrschaft über die Konfusion!
- Sie haben eine hohe Flexibilität!

Psychologen haben herausgefunden, dass Menschen, am effektivsten arbeiten, wenn sie ihr eigenes, individuelles Chaos-Level gefunden haben. Das kann die Kramschublade im Schreibtisch, genauso wie die Rumpelkammer in einem Schrank im Büro sein. Auch wenn das auf Außenstehende nach Planlosigkeit aussieht, verbirgt sich dahinter eine natürliche Ordnung.

Psychologen raten sogar dazu, Oasen der Konfusion in zeitlich limitierter Auflage zu pflegen. Damit lässt sich Stress durch Minimalismus, Ordnung und ein scheinbar perfekt getaktetes Zeitmanagement vermeiden und gleichzeitig auf höchst individuelle Weise Struktur hineinbringen. Wenn Sie im Job an Projekten mit festen Zyklen arbeiten, kennen Sie folgende Situation: Bis zur endgültigen Abgabe türmen sich Papierberge auf Ihrem Schreibtisch, die mit der Beendigung des Projekts auf wundersame Weise verschwunden sind.

Zeitmanagement, Minimalismus und Ordnung – wirklich eine Bereicherung?

Aufräumen, sortieren, organisieren, planen und Ordnung halten ist eine gute Sache. Doch sollten Sie es nicht übertreiben und sich jeglicher Flexibilität, dem freien Denken und Ihrer Kreativität berauben. Ein gesunder Minimalismus bedeutet, die richtige Balance zu finden und sich von den Dingen zu trennen, die belasten. Grundsätzlich machen wir das immer wieder, mitunter sogar jeden Tag, wenn wir bewusst etwas aus unserem Leben verbannen.

Das kann ein Möbelstück sein, das schon lange nur noch herumsteht und keinen wirklichen Nutzen mehr hat. Aber auch Menschen, die uns in unserer eigenen Denk- und Handlungsweise einschränken und versuchen, uns in eine bestimmte Richtung zu drängen, in die wir gar nicht wollen, verbannen wir aus unserem Leben.

Diese teilweise unbewussten Handlungen können Sie ganz bewusst in Ihr komplettes Leben übernehmen und Ihren ganz individuellen Minimalismus praktizieren. Dieser mag für Außenstehende nicht das Maß aller Dinge sein, doch für Sie ist er genau richtig. Das Gleiche gilt auch für Zeitmanagement, das eigentlich nichts anderes als eine gute Selbstorganisation bedeutet. Wer in der Lage ist, eine ordentliche Planung durchzuführen, erleichtert sich das Leben. Vergessen werden sollte allerdings nicht, dass sich das Leben nicht minutiös takten lässt.

Dafür gibt es viel zu viele Eventualitäten, welche die gesamte Planung ins Wanken bringen. Damit ist die ganze, akribisch durchdachte Planung hinfällig und nicht mehr durchführbar. Jeder Mensch hat eine andere Vorstellung von optimaler Organisation und Ordnung, die sich sehr individuell gestaltet, genauso wie jeder Mensch individuell ist und anders tickt. Auch wenn professionelle Aufräumer und viele Psychologen an einem festen Schema festhalten, lässt sich nur in einigen bestimmten Bereichen dieser

Maßstab perfekt umsetzen. Menschen brauchen Freiräume, Gedankenspiele, Anregungen und keine starren Vorgaben. Das soll nicht heißen, dass Sie sich jetzt kopfüber ins Chaos stürzen und Unordnung zum Gesetz machen. Vielmehr bedeutet es, dass Sie die Methoden und Vorgehensweisen individuell gemäß Ihrer Persönlichkeit und den eigenen Anforderungen anpassen und danach Ihr Leben gestalten.

Natürlich findet die Individualität anderer Menschen und die starren Vorgaben im Job Berücksichtigung. Sie bestimmen aber nicht hundertprozentig Ihr Leben. Das Gebilde, das durch Minimalismus, Zeitmanagement, Ordnung und Chaos entsteht, schafft Ihnen Freiräume für kreatives Denken und Handeln. Sie haben Zeit, Dinge zu machen, die Ihnen wirklich wichtig sind, können Ihre Träume und Visionen ausleben und haben damit genau den richtigen Ausgleich zwischen Verantwortung und sich treiben lassen geschaffen.

Sie haben sich Ihren idealen Zeitplan erstellt und gleichzeitig Platz für Ihr eigenes Chaos geschaffen. Damit eröffnet sich Ihnen die Chance, über sich hinauszuwachsen, Zeitressourcen optimal zu nutzen und das Leben zu genießen.

Angelika Hornig

Haftungsausschluss

Die Umsetzung aller enthaltenen Informationen, Anleitungen und Strategien dieses E-Books erfolgt auf eigenes Risiko. Für etwaige Schäden jeglicher Art kann der Autor aus keinem Rechtsgrund eine Haftung übernehmen. Für Schäden materieller oder ideeller Art, die durch die Nutzung oder Nichtnutzung der Informationen bzw. durch die Nutzung fehlerhafter und/oder unvollständiger Informationen verursacht wurden, sind Haftungsansprüche gegen den Autor grundsätzlich ausgeschlossen. Ausgeschlossen sind daher auch jegliche Rechts- und Schadensersatzansprüche. Dieses Werk wurde mit größter Sorgfalt nach bestem Wissen und Gewissen erarbeitet und niedergeschrieben. Für die Aktualität, Vollständigkeit und Qualität der Informationen übernimmt der Autor jedoch keinerlei Gewähr. Auch können Druckfehler und Falschinformationen nicht vollständig ausgeschlossen werden. Für fehlerhafte Angaben vom Autor kann keine juristische Verantwortung sowie Haftung in irgendeiner Form übernommen werden.

Urheberrecht

Impressum

Autor: Angelika Hornig
vertreten durch:
MAK DIRECT LLC
2880W OAKLAND PARK BLVD, SUITE 225C
OAKLAND PARK, FL 33311
FLORIDA

Printed in Poland
by Amazon Fulfillment
Poland Sp. z o.o., Wrocław

73665869R00161